Emil Egli

Zwinglis Tod nach seiner Bedeutung für Kirche und Vaterland

Emil Egli

Zwinglis Tod nach seiner Bedeutung für Kirche und Vaterland

ISBN/EAN: 9783743485358

Hergestellt in Europa, USA, Kanada, Australien, Japan

Cover: Foto ©ninafisch / pixelio.de

Weitere Bücher finden Sie auf **www.hansebooks.com**

Zwingli's Tod

nach seiner Bedeutung für Kirche und Vaterland.

Vorlesung

zum

Antritt der Professur für Kirchengeschichte

an der

UNIVERSITÄT ZÜRICH

am 3. Juni 1893.

Nebst einem Anhang:

Nachlese zu der Schrift: „Die Schlacht von Kappel" (Zürich 1873).

Von

Dr. Emil Egli.

Zürich.

Druck und Verlag von ED. LEEMANN, vorm. E. Herzog.

1893.

Mit dem nachstehenden, unverändert abgedruckten Vortrag wurde nicht beabsichtigt, das Thema erschöpfend zu behandeln, sondern nur die aktuelle Seite desselben zu beleuchten.

Die mitgegebene Nachlese zur „Schlacht von Kappel" umfasst kleinere Notizen, wie sie seit dem Erscheinen der Schrift vor zwanzig Jahren nach und nach zusammengekommen sind, samt zwei bemerkenswerten, bisher ungedruckten Berichten von Zeitgenossen.

Zürich, im Juni 1893.

Hochgeehrte Versammlung!

Den Antritt des kirchengeschichtlichen Lehramtes mit einem Vortrag über Zwingli's Tod einzuleiten, veranlasst mich eine doppelte Erwägung. Einmal möchte ich eine frühere Studie über die Schlacht von Kappel[1]) ergänzen, indem ich dem geschilderten äussern Vorgang die innere Würdigung des verhängnissvollen Ereignisses beifüge, und sodann liegt mir daran, Zwingli's Andenken in Schutz zu nehmen gegenüber gelehrten Versuchen, welche die Bedeutung seines Todes in ein ungewohntes und für ihn ungünstiges Licht gerückt haben.

Ich darf wohl im vornherein auf freundliche Aufnahme rechnen. Zürich bringt dem Namen Zwingli's allezeit dankbare Verehrung entgegen, zumal in den Kreisen, welche die Interessen der höchsten Bildung vertreten und eben nach dieser Seite die grundlegende Bedeutung des Humanisten und Reformators zu würdigen wissen. Die tapfere That seines Todes aber bleibt uns eine besonders teure Erinnerung, weil sie zum Herzen spricht und darum mithilft, Zwingli's Tod im ganzen Volke sittlich nachhaltig zu gestalten.

---

[1]) Die Schlacht von Kappel 1531. Mit zwei Plänen und einem Anhang ungedruckter Quellen. Zürich 1873.

Lassen Sie uns zuerst in Kürze an den *Vorgang* erinnern, um den es sich handelt. Es geschieht am besten nach Bullingers Reformationsgeschichte[1]).

Auf die Meldungen vom Aufbruch der V Orte sandte Zürich am 10. Oktober 1531 seine Vorhut von Stadt und See, etwa 1200 Mann, an die Landesgrenze bei Kappel. Am Vormittag des 11. folgte in grosser Eile das Panner, mit nur 700 Mann. Auf der Höhe des Albis angelangt, hörte man von Kappel her schon das Schiessen der Vorhut. Soll man zu Hülfe eilen, oder gebietet die Klugheit, erst den weiteren Zuzug abzuwarten? Zwingli spricht: „Ich will recht im Namen Gottes zu den biederben Leuten und willig mit und unter ihnen sterben oder sie retten helfen." Nun alles auf und davon, hinunter auf das Schlachtfeld. Nach heftigem Kampf unterliegt Zürich der vierfachen Uebermacht. Zwingli war unter den Vordersten beim Panner gestanden und hatte den Seinen noch zugerufen: „Biederbe Leute, seid trostlich und fürchtet euch nicht; müssen wir gleich leiden, so ist die Sache gut. Befehlet euch Gott; der kann unser und der Unsrigen pflegen. Gott walt' sein!" Jetzt, am späten Abend, lag er nicht weit vom Angriff unter den Toten und Wunden. Noch lebend, mit gefalteten Händen wie betend, sah er mit seinen Augen über sich gen Himmel. Da liefen Etliche herzu und fragten, weil er doch so schwach und dem Tode nahe wäre, ob man ihm einen Priester bringen sollte, der ihm die Beichte hörte? Darauf schüttelt Zwingli sein Haupt, redet nichts und

---

[1]) III. 122 f., 136 f., 166 f. Die andern Quellen sind in meiner genannten Schrift und unten in der Nachlese verwertet.

sah über sich in den Himmel. Weiter sagten sie zu ihm, wollte er aber und könnte doch nicht mehr sprechen noch beichten, solle er doch die Mutter Gottes im Herzen haben und die lieben Heiligen anrufen, dass sie ihm Gnade vor Gott erwürben. Da schüttelt Zwingli wiederum sein Haupt und verharrt mit dem Antlitz zu staunen gen Himmel. Dessen wurden die Feinde ungeduldig, fluchten ihm, sagten, er wäre auch der hartnäckigen Ketzer einer und wert, dass man ihm den Lohn gäbe. Und wie hiezu Hauptmann Vockinger von Unterwalden auch kam, ward er erzürnt, nahm sein Schwert und gab Zwingli eine Wunde, dass er bald verschied. Am andern Tag war ein wundergross Zulaufen den ganzen Morgen; jedermann wollte den Zwingli sehen. Unbeschreiblich ist es, mit was für Schmachworten er von vielen überschüttet wurde. M. Hans Schönbrunner aber, der Pfarrer von Zug, einst Chorherr zu Zürich, konnte sich Weinens nicht enthalten und sprach: „Wie du auch Glaubens halber warest, so weiss ich, dass du ein redlicher Eidgenosse gewesen bist; Gott verzeihe dir deine Sünde." Trotz Abmahnens der Hauptleute verlangte der rohe Haufe, seinen Hass noch an dem Leichnam zu kühlen. Es wird Gericht gehalten. Als Verräter der Eidgenossenschaft wird Zwingli vervierteilt und als Ketzer zu Asche verbrannt.

Das der Vorgang. Fürwahr, rein menschlich genommen, kann er nur den Einen Eindruck erwecken: Zwingli ist gestorben als ein Held. Seine Standhaftigkeit sichert ihm die Bewunderung der Redlichen zu allen Zeiten. Wir können hier nichts Treffenderes sagen, als was ein Augsburger Prediger unter dem frischen Eindruck des Ereignisses tröstend an Zwingli's Witwe geschrieben hat[1]): „Es wird Meister Ulrich grösser nach seinem Tode als er in seinem Leben gewesen ist; Zwingli lebt in viel tausend Herzen und wird unvergesslich sein.".

Anders, wenn wir statt des persönlichen den geschichtlichen Masstab anlegen. Da gehen die Urteile auseinander. Sie wissen, dass unter uns die Behauptung aufgestellt worden ist, die Niederlage zu Kappel sei ein Glück für die Schweiz gewesen. Wir werden darauf nicht anders eintreten können, als indem wir ein Werturteil über Zwingli's ganzes Lebenswerk zu gewinnen suchen. Vorher müssen wir aber notwendig eine Vorfrage erledigen, die wesentlich mit zum Urteile über Zwingli's Wirksamkeit gehört.

I.

Es ist nämlich die Anschauung ziemlich verbreitet, *Zwingli's Politik sei nicht erst auf dem Schlachtfelde, sondern schon im Sommer vor der Schlacht, in einer innern Krisis zu Zürich selbst, zusammengebrochen*[2]). Man stützt sich dafür auf Bullingers Nachricht, Zwingli habe am 26. Juli 1531 den Abschied begehrt, und hält damit zusammen, dass, wenn er dieses Begehren auch wieder zurückzog, doch die Nachrichten über ein weiteres poli-

---

[1]) Mitgeteilt bei A. Erichson, Zwingli's Tod und dessen Beurteilung durch Zeitgenossen. Zumeist nach ungedruckten Strassburger und Zürcher Urkunden. Ein Beitrag zur 350. Todesfeier Zwingli's. Strassburg 1883, p. 8. Zuerst erschienen in den Zeitstimmen, Neue Folge, I. p. 333, II. p. 329. Es ist dies ein sehr verdienstliches Schriftchen zur Geschichte des Reformators.

[2]) Hundeshagen, Beiträge zur Kirchengeschichte und Kirchenpolitik, p. 248 ff. Ihm sind dann andere Historiker gefolgt, vergl. z. B. die nächste Anmerkung.

tisches Wirken seinerseits mangeln. Also, so schliesst man, war Zwingli die letzten 2½ Monate vor seinem Tode politisch ein toter Mann!

Diesem Gedankengang entspricht das folgende Bild[1]): Zwingli sei das Ruder entsunken. Mit Thränen im Auge habe er seinen Abschied begehrt[2]). Das Staatsschiff sei steuerlos umhergetrieben worden. Das nähere entziehe sich unserer Kenntnis, da die Ratsbücher aus jener Zeit vernichtet seien[3]). Jedenfalls aber sei es für Zwingli eine letzte grosse Huld des Schicksals gewesen, dass er bald darnach auf dem Felde der Ehre fallen durfte. Er sei als Märtyrer der ausgangslosen Bedrängnis enthoben worden.

Prüfen wir diese Anschauung, zunächst ihren Ausgangspunkt, *das Abschiedsbegehren vom 26. Juli*[4]).

Dass Zwingli durch innere Schwierigkeiten in Zürich zu diesem Schritte bewogen wurde, ist wohlbezeugt. Die

---

[1]) Bei S. Vögelin, Rede bei der von den Grütlivereinen Zürich und Neumünster den 13. Januar 1884 im Pfauen veranstalteten Zwingli-Gedenkfeier, p. 11.

[2]) Was Bullinger von diesem Auftritt erzählt, folgt unten. Die Thränen stehen bei ihm nicht; dagegen kommen solche ein paar Seiten nachher vor, bei einer andern Begebenheit, III. 49. Sind sie von dort her dem Bedürfnis zugeflossen, im Ratssaal eine Rührungsszene zu finden?

[3]) So gefasst könnte diese Angabe leicht zu Missverständnissen veranlassen. Richtig ist, dass die „Ratsmanuale", die mit 1484 beginnen, eben für die ganze Periode von 1515—1545 fehlen. Für sie geben in dieser Zeit die „Rats- und Richtbücher" einen wohl nur teilweisen Ersatz, wesshalb zu vermuten ist, es haben daneben einst doch Manuale existiert, die nun längst verloren sind. Nach gefälliger Mitteilung des Herrn Staatsarchivar Dr. P. Schweizer.

[4]) Bullinger, III. 45.

Frage ist nur die: werden diese Schwierigkeiten nicht
übertrieben, wenn man sie zu einer für Zwingli ver-
nichtenden Krisis steigert, m. a. W.: ist es nicht umge-
kehrt Zwingli — gerade, indem er bis zum äussersten
ging — gelungen, sie zu überwinden?

Sie kennen die Entschiedenheit des Reformators für
das Evangelium. Ihm im ganzen Schweizerlande Bahn
zu machen, hat er schon im ersten Kappelerkrieg auf
einen Entscheid mit den Waffen gedrungen. Das gleiche
that er, als die Spannung sich im Frühjahr 1531 erneuerte.
Aber wie früher ein Friede vermittelt wurde, so kam es
jetzt zu einem Kompromiss; Bern und die andern Städte
des Burgrechts bestanden darauf: Zürich und Bern ver-
hängten gegen die V Orte die Lebensmittelsperre. Zwingli
verwarf diese halbe und gehässige Massregel des ent-
schiedensten[1]), und auch dem Rat von Zürich bezeugen
es die Städte, er habe gegen seine Neigung eingewilligt,
wie sie sagen „schwarlich und kummersamklich, uns zuo
sundern Ehren und Gefallen"[2]). Das Verfehlte des
Schrittes zeigte sich bald. Die, welche das Auskunfts-
mittel vorgeschlagen, waren die ersten, es verwerflich
zu finden. Zwingli kam dadurch in die fatale Lage, für
das einzustehen, was er verworfen hatte; es ist ausdrücklich als sein Standpunkt bezeugt: hat man einmal die
Sperre beschlossen, so werde sie auch durchgeführt und

---

[1]) Am Pfingsttag predigt er sogar dagegen. Bullinger,
III. 59. Vergl. indess aus etwas früherer Zeit das Projekt bei
Strickler, III. 158.

[2]) Abschied vom 15. Mai, auch bei Bullinger, III. 184 ff.
Vergl. m. Schlacht von Kappel, p. 49, Note 4.

nur mit Ehren wieder aufgehoben[1]). Dass aber in einem
so misslichen Dilemma nicht gleich die ganze Gemeinde
der Konsequenz ihres Führers folgte, ist doch sehr erklärlich. Dafür sorgten schon die Elemente, die aus
religiösen, politischen, persönlichen Gründen die Gegnerschaft des Reformators[2]) bildeten, sorgte die ehrenwerte
Scheu vor dem Kriege, wie die natürliche Friedensliebe
jener Kreise, welche Glaubenssachen weniger prinzipiell
nahmen, als die Theologen, und sorgte vor allem die
nachgiebige Stimmung der Burgrechtsstädte, die sich
auch in Zürich geltend machen musste. Unter diesen
Einflüssen schwand die geschlossene Einmut, in der
sich die Stadt bisher um ihren Reformator geschart
hatte, und aus dem Schwanken zogen Zweifel, Bedenken,
Zaghaftigkeit und Aberwille Nahrung. Das wirkte läh-
mend auf die politische Haltung zurück[3]). Es fehlte am
rechten Ernst, und wie es in solchen Fällen geht, kam
es zu allerlei unerfreulichen Folgen. Hier wird das
Amtsgeheimnis nicht gewahrt; dort hört man den V
Orten zum Besten reden; bei den Wahlen nimmt man es
mit dem Pensionsverbot nicht mehr so streng, wie Zwingli
wünschte; auf den Schiedtagen beginnt man nachzu-

---

[1]) Bullinger, III. 59.

[2]) Die Gegner sind vorzugsweise unter dem Adel zu Stadt
und Land zu suchen. Man beachte vor allem den Beschluss vom
28. Juni 1529, durch den die bisher bevorrechtete Adelszunft der
Constaffel auf die Berechtigung der andern Zünfte zurück-
gesetzt wird, in m. Aktensammlung zur Zürcher Reformationsgeschichte Nr. 1587.

[3]) Die Hauptstellen, die dies ersehen lassen, bei Bullinger,
III. 45. 52.

geben[1]), und an der Grenze wird die Sperre nicht gewissenhaft durchgeführt[2]). Wie ärgerlich ist es für Zwingli vollends, zu vernehmen, dass diese Zustände weithin ruchbar seien und zu allerlei Gerüchten Anlass geben. So unterlässt der getreue Abt von Kappel nicht, Zürich seine „Sanftmut" vorzuhalten, welche von den V Orten so gedeutet werde, die Stadt würde wieder gern vom Glauben und anderem zurücktreten, in einem Brief vom 26. Juli[3]). Gerade an diesem Tage ist Zwingli vor den Rat getreten, seine Entlassung zu begehren.

Hören wir, was Bullinger[4]) darüber schreibt.

Zwingli, so berichtet er, habe Räten und Bürgern folgende Vorstellung gemacht. Er habe jetzt im elften Jahr ihnen das Evangelium gepredigt und sie väterlich und mit ganzen Treuen gewarnet, die V Orte und den Haufen der Pensiöner nicht überhand gewinnen zu lassen. Das alles gelte bei ihnen nichts; ja, man habe Leute im Rat, denen das Blutgeld noch nicht erleidet, und die der V Orten beste Freunde und dem Evangelium Feind seien. Damit halte man der Stadt übel Haus und sei wenig Gutes zu erwarten. Während so ihm und der Wahrheit nicht gefolgt werde, müsse er doch, obwohl unschuldig, an allem schuld sein. Darum nehme er jetzt Urlaub und wolle sich anders versehen.

---

[1]) Strickler, Aktensammlung zur Schweiz. Reformationsgeschichte Nr. 964 vom 13. Juli, vergl. Bullinger, III. 43.

[2]) Strickler a. a. O. Nr. 974 und 1031, vom 16. und 26. Juli. Aehnliche Klagen übrigens noch später, so Nr. 1431 vom 27. September.

[3]) Strickler, III. 1031.

[4]) III. 45.

Dieses Entschlusses, heisst es weiter, erschrak jedermann übel. Die obersten Beamten der Stadt wurden abgeordnet, Zwingli von seinem Vornehmen abzustellen. Mit vielen Verhandlungen brachten sie ihn dahin, dass er seinen Entschluss zurücknahm. Nach drei Tagen tritt er wieder vor Rat mit der Erklärung, er würde die Stadt Zürich gern gross machen, wenn sie nur Gott folgten, und auf ihre Besserung hin wolle er bei ihnen bleiben, mit Gottes Gnade sein Bestes thun bis in den Tod. Was ist nun von diesem Auftritt zu halten?

Offenbar können wir endgültig erst urteilen, wenn wir damit Zwingli's nachheriges Verhalten zusammennehmen. Aber soviel dürfen wir doch vom unmittelbaren Eindruck sagen: diese Energie, die aus dem ganzen Vorgang spricht, diese Erklärungen in ihrem verweisenden Ton, dieser heilsame Schrecken, dem sie rufen, diese Zusage des Bleibens an die Zürcher mit dem Andingen „auf ihre Besserung hin“, das alles zusammengehalten mit Zwingli's ganzem Bild in seinen spätern Jahren, lässt uns in ihm nicht die gefallene Grösse, sondern den zürnenden Propheten sehen, der seinem wankelmütigen Volke ein letztes Mal in's Gewissen redet und deshalb alles drangibt, was er hat. In diesem Sinne hat er auch um jene Zeit im Grossmünster gepredigt[1]).

Zu Gunsten dieser Auffassung möchte ich einen ähnlichen, berühmten Auftritt geltend machen[2]). Er hat fast zur gleichen Zeit in Schweden stattgefunden. Im Sommer 1527 trat der Reichstag zu Westeräs zusammen.

---

[1]) Bullinger, III. 52.
[2]) L. Häusser, Reformationsgeschichte (1868) p. 179.

Es handelte sich um den ersten entscheidenden Schritt zur Reformation. Der junge König, Gustav Wasa, hatte vor sechs Jahren Schweden zur Freiheit geführt und unter dem Jubel des Volkes den Thron bestiegen. Jetzt ging er an das Werk, das neue Königthum zu befestigen, und mit der Reformation zu verbünden. Da treten ihm die alten Träger des Staates übermächtig entgegen, Adel und Geistlichkeit. Zum ersten Mal erscheinen, vom König geladen, auch Bürger und Bauern auf der Reichsversammlung. Nachdem der König sein Programm entwickelt und damit grosse Aufregung verursacht hat, da nimmt er das Wort zu einer Rede, deren Aehnlichkeit mit der Zwinglischen Sie nicht verkennen werden: Er habe den letzten Versuch gemacht, hier als ein König zu regieren; der Versuch sei misslungen. Regen und Sonnenschein, Pest und Teurung müsse er verschuldet haben. Und doch habe er nicht aus Ehrgeiz den Thron bestiegen, sondern um Schweden zu retten. Er habe sein Erbe dem Wohl des Landes geopfert und nun lohne man ihm mit Undank. Schweden sei noch nicht reif für einen König, und — mit vor Thränen halb erstickter Stimme: ich muss die Krone niederlegen. Damit verliess er die bestürzte Versammlung. Es trat ein, was er erwartet hatte, die Spaltung der Gegnerschaft; der Adel trat zum König über, und der Klerus musste sich beugen. Nach drei Tagen kam es zu den Beschlüssen, die der König beabsichtigt hatte. Man sieht, der Rücktritt ist das letzte, aber sicher wirkende Mittel königlicher Politik, siegreich über die widerstrebenden Stände.

Kehren wir zu Zwingli zurück, so finden wir, dass auch er seinen Zweck erreicht hat. Zürich hat sich

wieder seiner entschlossenen Politik zugewandt und fortan
fest darauf gehalten, die Sperre nicht anders als mit
Ehren aufzuheben[1]). Es mochte mitwirken, dass eben
in diesen Tagen neuerdings ein Schiedtag fruchtlos ver-
lief und Gerüchte von Kriegsabsichten der V Orte um-
gingen[2]). So ist es auch durchaus unrichtig, wenn gesagt wird, Zwingli habe sich seit jenem 26. Juli von
den Staatsgeschäften zurückgezogen. Diesen Anschein
mag die dürftige Korrespondenz der letzten Monate erwecken und trübe Ahnungen, die von Zeit zu Zeit
Zwingli's Seele erfüllen, mögen ihn verstärken. Die
Aktensammlungen[3]) beweisen unwiderleglich, *dass der
Reformator politisch thätig geblieben ist bis an's Ende.* Ja,
nicht bloss Zürich, auch Bern, obwohl dieses schwie-
riger, hat er bis vier Tage vor der Schlacht bei seiner
Politik festzuhalten vermocht.

Suchen wir das alles in den Hauptzügen nachzuweisen. Ich bitte Sie um Ihre Geduld, wenn ich dabei
etwas eingehender werden muss.

Gleich an jenem dritten Tage, da Zwingli sein
Bleiben zusagt, erlässt Zürich an Bern ein sehr ent-
schiedenes Schreiben[4]). Darin wird ein Manifest in Aus-

---

[1]) Bullinger, III. 59 nimmt ausdrücklich Zürich und
Zwingli zusammen.

[2]) Brief Zürichs an Peyer und Berger in Knonau vom 28.
Juli, in Stricklers Aktensammlung, III. Nr. 1042.

[3]) Die Eidgenössischen Abschiede und die Aktensammlung
zur Schweizerischen Reformationsgeschichte, beide Quellenwerke
herausgegeben von Dr. Joh. Strickler. Eine Reihe der wichtigsten
Momente habe ich übrigens schon in meiner Schlacht von Kappel
geltend gemacht, p. 51 ff.

[4]) Strickler, III. 1050.

sicht genommen, um jedermann darzuthun, dass man nunmehr den V Orten genug nachgegeben habe, und man vermeine, mehr als genug getagt zu haben und mehr als zuviel verachtet worden zu sein. Bern hat fortan die liebe Not, Zürich von hitzigem Zufahren und von Thätlichkeiten abzumahnen. Eine Reihe von Briefen aus den nächsten Tagen bezeugen es; „eilends, eilends" steht wohl auf diesen Depeschen[1]). Wir werden kaum irren, in diesem erneuten Eifer die erste Wirkung von Zwingli's Auftreten zu sehen; er wird den Zusagen entsprechen, mit denen man ihn zum Bleiben bewogen hat.

Bald darauf findet wieder ein Schiedtag zu Bremgarten statt. Es handelt sich um die Bedrängnis, welche das Evangelium in den V Orten erleidet[2]). Als man in Zürich vernimmt, Bern zeige Neigung, die Sperre aufzuheben, da werden alle Hebel in Bewegung gesetzt, es zu verhindern. Nicht nur instruiert der Rat seine Boten nachdrücklich in diesem Sinn[3]); Zwingli selbst geht heimlich des Nachts nach Bremgarten hinüber, um die Berner Gesandten zu sich zu bescheiden und ihnen die eindringlichsten Vorstellungen zu machen[4]). Man hat einen Bericht der Züricher Boten ab diesem Tage, aufgesetzt spät in der Nacht des 11. August[5]); wahrscheinlich ist Zwingli selbst der Ueberbringer nach Zürich

---

[1]) **Strickler**, III. 1057 vom 31 Juli, 1095 vom 3. August (ilends, ilends), 1096 vom gleichen Tage (hitzige Warnungen, Thätlichkeiten), 1106[b] vom 6. August.

[2]) **Strickler**, III. 1155.

[3]) **Strickler**, III. 1137.

[4]) **Bullinger**, III. 48 ff.

[5]) **Strickler**, III. 1142. Wortlaut in m. Schlacht von Kappel, pag. 52, Note 6.

Bezeichnend für den Eifer der Zürcher wie für das
Verhältnis zu Bern ist der Eindruck von dem Schied-
tage. Bern schreibt[1]), es sei zu hoffen, dass alles zu
gutem Ende gebracht werde, Zürich am gleichen Tage[2]):
je länger wir tagen, desto ferner sind wir der Sache.
Wir können den vorgeschlagenen Vergleich nicht annehmen und beharren auf der gegebenen Antwort, wie
auf der Sperre. Wenn das Evangelium nicht unange-
fochten bleibt, müssen wir Gott walten lassen, der sein
Wort wohl erhalten wird. Die Boten werde man heim-
rufen und keinen Tag mehr besuchen. Zwingli aber ist
ganz befriedigt von solcher Entschiedenheit. Er rühmt
unter demselben Datum in einem Schreiben nach Ulm[3])
den Zürcher Rat und sagt von ihm und von sich selbst:
wir stehen in allem unerschrocken, von Gott gestützt
(ad omnia stamus intrepidi, Deo fulti).

Eine ähnliche Lage kehrt wieder anfangs September.
Abermals ist Zwingli die Seele und Zürich mit ihm eins.
Da finden wir den Reformator anwesend in einer wich-
tigen Sitzung des geheimen Rates. Neuerdings wird die
entschlossenste Haltung angenommen. Man fasst Be-
schlüsse, ob Bern ja oder nein oder gar nicht antworte,
mit dem Zusatz: wir sind des steifen Sinnes, uns nicht
mehr also tratzen und verachten zu lassen. Zwingli's Mit-
wirkung ist gleich aus dem ersten Punkt ersichtlich, den
das Protokoll der Verhandlungen[4]) notiert. Hier wird
der Verzug des Krieges als eine französische Praktik

---

[1]) Strickler, III. 1161.
[2]) Strickler, III. 1162.
[3]) Zwingli's Werke, VIII. p. 634.
[4]) Strickler, III. 1284. Dazu m. Schlacht von Kappel, p. 52.

hingestellt, und wir wissen anderweitig[1]), dass dies die
Ansicht Zwingli's ist.

Die Folgen dieser Ratssitzung treten auch bald zu
Tage. Wirklich erlässt Zürich ein Manifest trotz Ab-
mahnung aus Bern, gegen Mitte des Monats[2]). Den
Burgrechtsstädten aber wird vorwurfsvoll zugeschrieben,
man habe von Anfang an vermutet, die Sperre werde
nicht dauern, und hätte lieber den Span mit den V Orten
thätlich ausgemacht, wie man auch dazu gerüstet gewesen. Nur mit grossem Unwillen sei man dem Rat der
andern Städte beigetreten; wenn diese[3]) jetzt die Sperre
als ärgerlich, abscheulich und unchristlich hinstellen,
warum haben sie denn dazu geraten[4])? Als dann einige
Tage später die Schiedboten von Glarus, Strassburg und
Konstanz nach Zürich kommen, um für Nachlass der
Sperre zu wirken, da fühlen sie wohl, wo sie zuerst
anklopfen müssen; sie sprechen bei Zwingli vor. Aber
sie kommen übel an. Er giebt ihnen ungehaltenen Be-
scheid: der Rat werde ihnen gebührende Antwort geben.
Das ist auch geschehen. Räte und Bürger haben sie
abgewiesen: man habe vormals in schiedliche Mittel ge-
willigt und damit mehr als genug gethan[5]). Zum Ver-

[1]) Bullinger, III. 86.
[2]) Abschiede p. 1136—42. Vergl. Strickler, III. 1324 (wie
schon 1057, 1184). Schlacht von Kappel p. 52, Note 3 und 4.
[3]) Vergl. z. B. Basel, bei Strickler, III. 1374.
[4]) Strickler, III. 1345.
[5]) Bullinger, III. 77. Vergl. Strickler, III. 1446. —
Den Zeitpunkt giebt jetzt der neuestens bekannt gegebene Abschied
von Aarau, datiert 18. September. W. Merz, im Anzeiger für
Schweizergeschichte, 1893 p. 448 f.

drusse Berns hatte man sich nicht einmal vorher mit ihm über diese Antwort verständigt[1]).

Nicht anders stehen die Dinge zu Anfang Oktobers. Auf einen Brief des Zürcher Rates an seine Gesandten zu Bern hat einer von diesen, der Stadtschreiber Beyel, notiert: das ist der Brief, der uns gen Bern nachkam, als Zwingli meinte, wir würden den Frieden zu bald machen. In dem Briefe selbst heisst es, den V Orten nachgeben, wäre uns und unseren Kindskindern eine ewige Schmach und Schande[2]). Von weiterer Geduld könne keine Rede sein; lieber, heisst es am gleichen Tage, laden wir den Unwillen der Schiedorte auf uns[3]).

So kam der Entscheid mit den Waffen heran. Wie hätte Zwingli zurückbleiben können? Im Kriegsrat vor dem Auszug, auf dem Albis und auf dem Schlachtfeld erhebt er seine Stimme[4]). Weil er raten konnte und in grossem Ansehen und Gunst bei dem Volke war — so heisst es ausdrücklich — ist er zum Feldprediger ausgenommen worden[5]). Unter und mit seinen Zürchern ist er gefallen, und nicht zu übersehen ist noch dies letzte: auf seiner Leiche haben die Feinde ihren Absagebrief

[1]) Strickler, III. 1423. Schlacht von Kappel p. 52. Note 5.
[2]) Strickler, III. 1484. Beyels Bemerkung a tergo in m. Schlacht von Kappel p. 53, Note 1.
[3]) Strickler, III. 1488.
[4]) Bullinger, III. 106, 122 f., 127. Vergl. m. Schlacht von Kappel p. 32 unten, Zwingli mit den Hauptleuten beratend. Von Interesse ist ferner die Stelle Bullinger, III. p. 124, Zeile 8—10, eine förmliche Zitation des Vortrages über das französische Bündnis von 1521, in meiner Aktensammlung Nr. 169, p. 42, Zeile 7—10 von unten.
[5]) Bullinger, III. 113.

an die Zürcher und andere wichtige Staatspapiere gefunden [1]).

Noch hat man auf den vorzeitigen Zusammenbruch
der Zwinglischen Politik daraus schliessen wollen, dass
die früher lebhaft betriebenen Burgrechtsverhandlungen
zurücktreten. Das erklärt sich aber leicht, wenn wir
die ausserordentlich anschwellenden Akten durchgehen.
Die eidgenössischen Verwicklungen legten alle weiter
ausschauenden Bestrebungen lahm. Uebrigens sagt Oeco-
lompad in einem Brief an Zwingli ausdrücklich, erst wenn
die inneren Händel beigelegt seien, werde man wieder
an die Vereinigung der Glaubensgenossen gehen können[2]).

Wir haben wiederholt bemerkt, dass Zürich Mühe
hatte, Bern bei der entschiedenen Politik festzuhalten.
Doch ist es immer wieder gelungen und folgen allemal
wieder Bern's Erklärungen, man sei mit Zürich eins[3]).
Dazwischen spürt man die innere Differenz, so wenn die
Zürcher Gesandten einmal heimschreiben, die Tapferkeit
der Herren von Bern stimme gar nicht mit den süssen
Tönen, oder wenn von der Zürcher Landschaft aus verlautet: Wir haben die Berner nicht an der Hand, als

---

[1]) Strickler, III. 1188 (Badener Spruch nach dem Landfrieden von 1529, die Sperre betreffend), V. 95 (Absagebrief).
Salat, Chronik der schweiz. Reformation (im Archiv des Pius-
vereins I. 1868) p. 310 (Absagebrief „sampt etlichen briefen me").
Vergl. Schlacht von Kappel p. 67 f., Nr. 342, 423.

[2]) Zwingli's Werke, VIII. p. 625, Brief vom 20. Juli: displi-
cent sola intestina nostra bella, quibus compositis aptiores ad con-
ciliandos amicos erimus.

[3]) Strickler, III. 1153, 1288, 1314; vergl. 1320, 1413.

wir wähnen[1]). Diese Differenz ist dann am 7. Oktober
verhängnisvoll zu Tage getreten: Bern willigt in den
Vorschlag der Schiedorte, den ganzen Handel bis auf
Ostern des folgenden Jahres zu verschieben; Zürich und
die V Orte verwerfen den Vorschlag[2]). So steht Bern
auf der Seite; die V Orte schlagen gegen das isolierte
Zürich[3]) los, und jetzt — erst jetzt — auf dem Schlachtfeld zu Kappel, bricht Zwingli's Politik zusammen. Ihre
Rechtfertigung aber hat jetzt der Rat von Zürich über-
nommen. Gleich nach der Schlacht wirft er den Bernern
vor, dass sie es seien, welche die entschlossene offensive
Politik verhindert und dadurch Zürich's Niederlage verschuldet haben[4]).

Sie sehen, es kann weder von einem politisch un-
thätigen Zwingli, noch von einer eigenen Zürcherischen
Politik, die sich von der des Reformators abgelöst hätte,
die Rede sein. Im Gegenteil: seit jenem 26. Juli nimmt

---

[1]) Strickler, III. 1298, 1364. Ueber die innere Differenz
vergl. R. Stähelin in der Anzeige von Strickler's Aktensammlung, Band II, Jenaer theol. Litteraturzeitung 1880 p. 153 f.
[2]) Strickler, III. 1497. 1513, 1516.
[3]) Vergl. Strickler, III. 1538, 1583, 1610, die mangelnde
Verständigung. In m. Schlacht von Kappel p. 53 Zürich's Be-
schwerde über die reservierte Haltung der Berner Truppen.
[4]) Strickler, III. 1585. Das ganze Verhältnis schon in
m. Schlacht von Kappel p. 49 ff. in den Hauptzügen beleuchtet.
Dazu der früher erwähnte Vortrag von Hermann Escher. - Im
weitern ergiebt Bern's Verhalten zu Genf bis gegen Ende des
XVI. Jahrhunderts Motive, die man füglich schon bei seiner Politik
in den Kappelerkriegen, Zürich gegenüber, voraussetzen darf.
Bern wollte wie Genf so auch Zürich weder fallen noch zu mächtig
werden lassen. Diese Politik konnte dann gelegentlich zweideutig
erscheinen.

Zwingli's Politik einen neuen Aufschwung, und sie ist
zugleich die Politik Zürichs. Daher haben wir in jenem
Auftritt keine Romantik zu suchen. Wohl bedeutet er eine
Krisis, aber eine heilsame, und der Tod auf dem Schlachtfeld behält die volle Bedeutung des Entscheides. Will
man den rechten Keim dieses Ausgangs suchen, so muss
man auf den ersten Kappelerkrieg zurückgehen; jener
Friede hat die weitere Verwicklung in seinem Schoss
getragen. Dass dort Zwingli's Politik nicht durchdrang,
ist für ihn verhängnissvoll geworden, wie er auch sofort
selber gefühlt hat. Aber von einer Katastrophe kann
man erst am 11. Oktober 1531 reden, nicht schon am
26. Juli vorher.

Dieses gründlich nachzuweisen, durften wir nicht
unterlassen[1]. Es trifft einen wesentlichen Zug im Bilde
Zwingli's an, wie man jene Krisis im Ratssaal auffasst,
ob als Bewährung oder als Zusammenbruch seiner Politik.

———

[1] Weitere Anhaltspunkte für Zwingli's politisches Wirken
in der letzten Zeit sind noch: S t r i c k l e r 1311 vom 8. September,
ein Brief aus Bern, adressiert an M. Kambli o d e r Zwingli; beide
sind laut 1284 Mitglieder des heimlichen Rates, und Zwingli wird
es also am 8. September noch sein. S t r i c k l e r 1353 vom 14. September, Nussbaumer an Zwingli in politischen Fragen. S t r i c k l e r
1364 vom 16. September ähnlich. S t r i c k l e r 1373 vom 17. September, Herzog Franz von Mailand wahrscheinlich an Zwingli.
S t r i c k l e r 1407 und 1408, Briefe an den Rat und an Zwingli,
u n t e r g e g e n s e i t i g e r V e r w e i s u n g. S t r i c k l e r 1445 vom
29. September, der mailändische Gesandte Panizzono an Zwingli
in der Müsser Sache. S t r i c k l e r 1482 und 1483 vom 4. Oktober,
Landgraf Philipp von Hessen an Zwingli und an den Rat. S t r i c k-
l e r 1504 vom 8. Oktober, der Abt von Pfäfers an Zwingli, um
Fürsprache bei Bürgermeister, heimlichen und grossen Räten.

Namentlich kann uns das nicht gleichgültig sein für die Hauptfrage, zu der wir nun kommen.

II.

Wir haben bereits angedeutet, dass es sich um ein *Werturteil über Zwingli's Lebenswerk handelt*, um unsere Stellung zur Reformation. Was ist von dem Urteil zu halten, das in dem geflügelten Worte „das Glück von Kappel" seinen Ausdruck gefunden hat?

Es gibt nämlich ein bernisches und ein zürcherisches Glück von Kappel, und beide sind nur die verschiedenen Seiten eines dritten, des katholischen.

Dass die V Orte ihren Sieg als ein glückliches Ereignis gefeiert haben, ist bekannt. Ganz besonders freuten sie sich über Zwingli's Tod. „Da lag er nun, der Vogt aller Eidgenossen", frohlockt ihr Geschichtsschreiber[1]. Als Vogt oder Tyrann erschien ihnen der Reformator in doppeltem Sinne: im politischen, wenn sie daran dachten, wie er den Einfluss der V Orte im Schweizerbunde hatte brechen, und im religiös-kirchlichen, weil er durchaus das Evangelium bei ihnen hat einführen wollen[2].

In neuester Zeit sind diese beiden Seiten katholischer Betrachtungsweise auch vom reformierten Lager aus aufgegriffen worden, die politische von Bern, die religiös-kirchliche von Zürich.

---

[1] Salat, a. a. O. p. 310. Vergl. die Notiz im Jahrzeitbuch Wohlen, M. Ulrich „Z w i n g - d i e - l ü t" habe die Schlacht bei Kappel gewonnen, jedoch per Antiphrasim. Schlacht von Kappel p. 42, Note 2.

[2] Dem entsprechend das doppelte Verfahren mit Zwingli s Leiche, vergl. oben die Darstellung nach Bullinger, am Schluss.

Eine bernische Schrift vom Jahr 1878[1]) sucht Berns
Politik in den Kappelerkriegen als die wahrhaft patriotische hinzustellen und findet in selbem Verhältnis bei
Zwingli einseitige Gewaltthat, den Fanatismus der Herrschsucht. Es war also ein Glück für die Eidgenossenschaft,
dass er unterlag. Diese Schrift hat dann in Zürich die
andere Betrachtung angeregt, welche bei dem Reformator
ein einseitiges Glaubens- oder konfessionelles Interesse
sieht, wodurch er den Schweizerbund aufs äusserste gefährdet habe. Von da aus erscheint die Niederlage bei
Kappel vollends als ein Glück. Gemeinsam ist unseres
Erachtens den beiden Standpunkten eine schwere Verkennung der Reformation; nur besteht diese Verkennung
im einen Falle darin, dass die Bedeutung der Reformation übersehen, im andern darin, dass sie falsch auf-
gefasst wird.

Den bernischen Versuch können wir auf sich beruhen lassen. Es ist ihm schon mehrfach entgegnet und
namentlich auch das entgegehalten worden, dass Zwingli's
Politik mit dem Motiv blosser Herrschsucht nicht erklärt wird[2]).

---

[1]) E. Lüthi, Die Bernische Politik in den Kappelerkriegen,
Berner Kantonsschulprogramm 1878.

[2]) Julius Werder, Zwingli als politischer Reformator,
Basel 1882 (Separatabdruck aus den Beitr. z. vaterl. Gesch.). —
R. Stähelin sagt in einer bemerkenswerten Rezension von Lüthi's
Schrift, Jenaer theol. Litteraturzeitung 1880 p. 282 ff., sehr richtig,
es sei einseitig, Bern's Ehre durch ein Verwerfungsurteil über
Zwingli retten zu wollen, und man könne Zwingli's politisches
Verhalten nur richtig ethisch beurteilen, wenn man es mit seinen
Anschauungen von der Aufgabe der Reformation und des christ-
lichen Predigers zusammennehme, nicht wenn man es davon isoliere.

Dagegen geht der Zürcherische Gedankengang das kirchengeschichtliche Interesse näher an. Er hat folgenden Ausdruck gefunden: „Was die Würdigung der zürcherischen Politik betrifft, so lehrt die Reformationsgeschichte deutlich, dass es für einen Staat ein Unglück ist, ausschliesslich von Klerikern regiert zu werden. Zwingli's Bestrebungen waren ganz auf den Umsturz der alten Eidgenossenschaft gerichtet; von Patriotismus ist bei ihm keine Spur zu finden, ja, auf sein Betreiben hat sich Zürich an die deutschen Protestanten geradezu weggeworfen. Aber auch Berns Politik war keine eidgenössische; eine solche finden wir nur bei den V Orten. Diese haben sich durchaus konservativ und defensiv verhalten und den Bestand der alten Eidgenossenschaft dadurch gerettet. Ihre von hervorragenden Staatsmännern geleitete Politik war die der Selbsterhaltung. Auch nach der Schlacht bei Kappel haben sie sich massvoll gezeigt; der zweite Landfrieden vom Jahr 1531 ist nur die Kehrseite des ersten vom Jahr 1529, indem er den Katholiken die gleichen Rechte einräumte, welche nach dem ersten den Reformierten zukamen. Da durch die Niederlage bei Kappel Zwingli's Pläne vereitelt wurden, so ist dieselbe vom eidgenössischen Standpunkt aus als ein Glück zu bezeichnen".

Das ist also die Lehre vom Glück zu Kappel[1]).

Es sei gleich bemerkt, dass die eben gegebene Fassung nicht die ursprüngliche ist — diese scheint

---

[1]) Es wird mir mitgeteilt, Prof. Vögelin habe auch darauf hingewiesen, dass die Schweiz bei einem Siege Zürich's wahrscheinlich später in den dreissigjährigen Krieg verwickelt worden wäre. In seinen Druckschriften finde ich darüber nichts.

nirgends mehr festgehalten zu sein — immerhin aber ein
originales Votum, abgegeben in der Zürcher Antiqua-
rischen Gesellschaft am 7. Januar 1882¹). Dieses Votum
hat dann im Schosse der Gesellschaft eine bemerkens-
werte Diskussion veranlasst. Eine Reihe unserer Historiker haben sich ausgesprochen, sämtlich in Widerspruch
zu der vorgebrachten Anschauung. Die einen wandten
sich gegen einzelne Behauptungen, andere giengen auf
den Kern der Sache ein. Namentlich ist auch gefordert
worden, dass man bei der Beurteilung Zwingli's dem
Beruf des Reformators gerecht werden müsse²). Jedenfalls ist das Wesentliche gegen die neue Auffassung
damals geltend gemacht worden³). Ihr Urheber selber
hat sie auch weiter nicht mehr öffentlich vertreten.
Vielmehr zieht er sich in einer spätern Darstellung von
Zwingli's Ausgang auf jene Anschauung vom vorzeitigen

---

¹) Ich verdanke den Herren Dr. Hermann Escher,
Stadtbibliothekar, und Professor W. Oechsli, Aktuar der Anti-
quarischen Gesellschaft, folgende Mitteilungen. Professor und
Nationalrat Salomon Vögelin habe den Vortrag über das Glück
von Kappel am Sonntag 13. November 1881 im Grütliverein Neu-
münster gehalten, laut Notiz der „Neuen Zürcher-Zeitung" 1881
Nr. 320. Ein Referat über den Vortrag finde sich unter den von
Vögelin gesammelten Zeitungsberichten über von ihm gehaltene
Vorträge nicht. Der gegebene Wortlaut des Votums in der Anti-
quarischen Gesellschaft wie die bezügliche Diskussion stammt aus
dem Feuilleton der „N. Z.-Z." vom 9. Februar 1882, 2. Blatt, Nr. 40.
Beinahe wörtlich so steht der Bericht im Protokoll der erwähnten
Gesellschaft. Veranlassung war ein Vortrag von Dr. Escher über
Bern's Stellung in der Reformation, ebenfalls in der „N. Z.-Z." aus-
führlich wiedergegeben, 1882, Nr. 32—40.

²) Dies hat besonders der sel. Prof. H. Grob geltend gemacht.

³) Ueber das Glück von Kappel hat auch in der „N. Z.-Z."
1881, Nr. 339 ff. Pfarrer J. M. Bösch in Rickenbach gehandelt.

Zusammenbruch der Zwinglischen Politik zurück, worüber wir hinlänglich gehandelt haben.

Gleichwohl möchte ich mich nicht damit begnügen, die Sache als eine abgethane betrachtend, einfach auf die erwähnte Diskussion zu verweisen. Es soll auch der Standpunkt des Kirchenhistorikers zum Ausdruck gelangen. Von da aus sind zwei Punkte des angeführten Votums besonders in Anspruch zu nehmen.

Einmal wird mit grosser Bestimmtheit Zwingli der *Patriotismus* abgesprochen: Keine Spur davon sei bei ihm zu finden.

Und doch sagt Schönbrunner vor dem toten Zwingli: „Wie du auch des Glaubens halber warest, so weiss ich, dass du ein redlicher Eidgenosse gewesen bist." Wie ist nach allem, was wir sonst von Zwingli wissen und aus seinem eigenen Munde hören, sein Patriotismus anzuzweifeln? War er ja neben dem religiösen Interesse die Haupttriebfeder von Zwingli's ganzem Wirken. Ich kann darum auch nicht denen beistimmen, welche sagen, man würde überhaupt eine patriotische Politik in der Zeit der Kappelerkriege vergeblich suchen. Vielmehr halte ich dafür: wenn es damals Ein Anliegen gab, das als gemeineidgenössisch betrachtet werden muss, und das in der Linie nationaler Entwicklung lag, so ist es die Reformation. Insofern hat allerdings nicht Bern und haben nicht die V Orte, sondern haben Zwingli und Zürich die patriotische Politik befolgt. Dass eben diese es ist, die bei Kappel zusammenbrach, lehrt die weitere Schweizergeschichte; sie bietet vielfach das Bild kläglicher Zerfahrenheit. Erst die Neuzeit hat wieder in die nationale Bahn eingelenkt. Sie hat auch das politische Programm, das

Zwingli durchzuführen nicht gelang, im Wesentlichen ver-
wirklicht: die Regeneration der Eidgenossenschaft im Sinne
einheitlicher Entwicklung. Mit Recht hat man den Kappelerkrieg und den Sonderbundskrieg in Parallele gesetzt[1]).
Sodann beachten Sie wohl die Einschränkung, in
welcher das Votum den Begriff *eidgenössisch* nimmt. Es
heisst nur, die *alte* Eidgenossenschaft sei durch Zwingli
in ihrem Bestande gefährdet worden. Entsprechend wird
auch die *konservative* Politik der V Orte als die einzig
eidgenössische bezeichnet. Man hat deshalb mit Recht
gesagt[2]), das heisse Zwingli lediglich mit dem politisch-
staatsrechtlichen Massstab messen, während er doch der
Träger einer grossen geschichtlichen Umgestaltung sei,
der schweizerische Reformator[3]). Das Glück von Kappel
schliesse also jene schwere Verkennung der Reformation
in sich, von der wir bereits gesprochen und die wir als
eine falsche Beurteilung derselben bezeichnet haben.
Lassen Sie uns hierauf etwas näher eingehen.

Zu Grunde liegt nämlich unseres Erachtens ein
falsches Urteil über das *Wesen* der Reformation.

Hören wir dieses Urteil an. Es lautet[4]): die Refor-

---

[1]) Ebenfalls Pfr. B ö s c h.
[2]) H. E s c h e r, Glaubensparteien, p. 138, 324.
[3]) W e r d e r, a. a. O. p. 27: Das innere Recht, das er in
seiner Seele trug, stiess feindlich auf das äussere Recht der Länder.
[4]) Vortrag von Prof. S. V ö g e l i n vor den Schulkapiteln
Winterthur und Andelfingen am 10. März 1875, Bericht im Sonntags-
blatt des „Landboten“. — Die „Gerechtigkeit nach beiden Seiten“
macht schon desselben Redners frühere Broschüre geltend: Ueber
Tendenz und Methodik des Geschichtsunterrichtes in der Ergän-
zungsschule. Vortrag gehalten auf Veranstaltung der Erziehungs-
direktion in den Versammlungen der zürcherischen Schulkapitel,
Zürich 1874, p. 10 f.

mation sei dem Katholizismus nicht über- sondern neben-
zuordnen; sie sei dem gleichen menschlich schwachen
Boden entsprossen wie der Katholizismus und vornehm-
lich aus weltlichen Faktoren zu erklären.

Wenn dem so ist, so hat sie allerdings nicht ver-
dient, zu siegen; der Ausgang der Kappeler Schlacht
war dann die wünschbare Lösung für die Schweiz. Nun
sehen wir aber in der Reformation wesentlich eine
religiöse Bewegung. Sie ist die Auflehnung des christ-
lichen Gewissens gegen die Verderbnis, welcher die
Religion in der Kirche des spätern Mittelalters anheim-
gefallen war, und darum eine gottgewollte, geschichtlich
notwendige Krisis. Es ist zu beklagen, dass diese Krisis
in einem Teil unseres Landes verkümmern.musste, nicht
blos weil dort selbst der Volksgeist die heilsame Erneuerung nicht erfahren hat, sondern doppelt, wegen der
Spaltung der Nation.

Mit dem Wesen werden aber auch die *Wirkungen*
der Reformation verkannt, wenn man sie mit dem
Katholizismus auf eine Linie stellt.

Die Reformation hat allseitig *befreiend* gewirkt [1]).
Indem sie zu Christus als dem Quellpunkt der Ver-

---

[1]) Weitere Ausführungen in meinem Rathausvortrag „Luther
und Zwingli in Marburg“, Theol. Zeitschr. a. d. Schweiz 1884,
p. 1 ff. — Die Zürcher Rathausvorträge hat im Winter 1851/52
Prof. J. J. Hottinger eröffnet mit dem Thema: „Hat die Reformation die innere Kraft der Schweiz gebrochen oder sie verstärkt?“
Der Vortrag ist gedruckt in „Helvetia“, Zeitschr. von Zimmermann
(1852) p. 2 ff. Vom gleichen Verfasser, ebenfalls aus einem Rathausvortrag entstanden, die Schrift: „Religion und Politik in ihrer
historischen Wechselwirkung auf die Zustände der Eidgenossenschaft“ (1854). — „Zwingli's Bedeutung neben Luther“ hat viel-
seitig Alexander Schweizer in seiner Festrede vom Jahre

söhnung mit Gott zurückkehrte, hat sie das Judentum
in der Kirche beseitigt, das religiöse Gewissen frei gemacht von dem Joche der Menschensatzungen und der
durch das Hemmnis gepeinigten Seele den Frieden
einer unmittelbaren Lebensgemeinschaft mit Gott zurückgegeben. Indem sie die verdunkelte Ehre oder Geistig-
keit Gottes wieder zum Bewusstsein brachte, hat sie
das Heidentum in der Kirche überwunden und dadurch
sowohl ethisch als intellektuell befreiend gewirkt. Das
sittliche Gewissen hat sie geschärft und so den Einzelnen
wie die Gemeinschaft zu einer würdigern Lebensführung
befähigt, womit für unser Land noch besonders die
Freiheit vom Auslande gekommen ist; dem verständigen
Interesse aber ist sie gerecht geworden, indem sie die
Menschen vom Banne des Aberglaubens erlöste. Indem
die Religion wieder hergestellt und der Kirche wieder
ihre wahre Aufgabe angewiesen war, ergab sich für
alle Lebensgebiete von selbst eine heilsame Rückwirkung.
Namentlich das Staatsleben hat sie erfahren; es ist aus
der Verquickung mit kirchlichen Einflüssen erlöst, der
Staat sich selbst, seiner eignen Natur und Berechtigung
zurückgegeben worden. Das gleiche gilt für die Wissen-
schaft in Philosophie, Geschichte, Naturerkennen. Kurz, die
Reformation hat den mächtigen Aufschwung eingeleitet,
der die moderne Menschheit kennzeichnet. Ihre Seg-
nungen sind denn auch sofort und so allgemein empfunden

1884 gewürdigt, die Freiheit der Zwingli'schen Theologie Antistes
F i n s l e r in seinen Vorträgen zu Gunsten des Zwinglidenkmals
(1873) schön hervorgehoben. Reich an neuen Aufschlüssen über
das geistige Leben der Reformationsepoche ist J. B ä c h t o l d ' s
Geschichte der deutschen Litteratur in der Schweiz (1892).

worden, dass selbst der Schlag von Kappel Zürich nicht mehr irre machen konnte. Die Obrigkeit spricht gegen das Volk die Erwartung aus, es werde jedermann nur desto steifer dem Evangelium anhangen [1]), und die Landschaft versichert mitten unter ihren politischen Beschwerden ihre Herren und Obern: „Ihr sollet gänzlich bei aller Wahrheit wissen, dass niemand des Gemütes ist, von Gotteswort zu weichen" [2]). Kann es ein schöneres Zeugnis über Zwingli's Lebenswerk geben, als dieses treue Festhalten unter schwerster Prüfung? Wollen wir es als ein Glück betrachten, dass es den Führern der Innerschweiz gelungen ist, die befreienden Wirkungen der Reformation von ihren Gauen auszuschliessen?

Haben wir damit, gegenüber dem einseitigen Hervorkehren des eidgenössischen Standpunktes, das Recht der Reformation geltend gemacht, so wollen wir zwar den schweren Nachteil nicht verkennen, der dem Schweizerlande aus der Glaubensspaltung erwachsen ist, wohl aber müssen wir der Ansicht entgegentreten, als sei die Reformation die Ursache der nationalen Spaltung. Nicht die Reformation hat den Staat, sondern die staatlichen Zustände haben die Reformation geschädigt. Merkwürdig: in Dänemark, Schweden, England und den Niederlanden, in allen germanischen Nebenländern der Reformation, ist mit der religiösen Erneuerung ein mächtiger nationaler Aufschwung Hand in Hand gegangen; diese

---

[1]) In meiner Aktensammlung Nr. 1832, von c. März f. 1532 datiert. Vielleicht ist sie mit Nr. 1853 vom 29. Mai zusammenzustellen, vergl. den Schluss dieser Nummer.
[2]) Ebenda Nr. 1797 vom 28. November 1531; vergl. auch Nr. 1794.

Länder sind von da an zu ihrer Weltstellung empor-
gestiegen. Gerade in den Stiftungsländern der Reformation ist es nicht so gekommen, in Deutschland und
in der Schweiz. Zuerst ist der neuen Bewegung im deutschen
Reich die nationale Tragweite verloren gegangen: die
Territorien haben sie absorbiert, etwa wie wenn die be-
fruchtende Wolke von waldreichen Höhen angezogen wird,
während die ödern Landstriche leer ausgehen. Aehnlich ist es dann auch in der Schweiz gekommen. Was
das Gesamtvaterland neu beleben sollte, haben sich wesentlich nur die städtischen Gebiete mit ihrer reicheren Kultur
angeeignet; die Länder waren zu arm und sind darum
zurückgeblieben [1]). Wo aber die Gründe geschichtlicher
Entwicklung derart in allgemeinen Verhältnissen liegen,
werden wir nicht damit auskommen, dass wir in persön-
licher Unfähigkeit oder Verschuldung des Reformators
die Erklärung suchen. Zwingli steht vor uns als tragischer
Held, vorzeitig gefallen zum Unglück des Vaterlandes;
denn dieses ist, mit Zwingli's Untergang, um den vollen
Segen der Reformation gekommen und damit auf Jahr-
hunderte in seiner nationalen Entwicklung zurückgeworfen
worden.

Wir sind damit beim Gegenteil des Glücks von
Kappel angelangt. Fragen wir nun, ob nicht doch eine
tiefere Wahrheit in demselben enthalten ist.

Dabei sehen wir ab von der *theologischen* Betrachtungsweise im Sinne des biblischen Gedankens, dass

---

[1]) Eine allseitige Untersuchung über die Gründe ihrer ab-
lehnenden Haltung gegenüber dem neuen Wesen fehlt noch und
könnte am besten von einem Historiker der Innerschweiz selbst
gegeben werden.

denen, die Gott lieben, alle Dinge zum besten dienen.
Diese Betrachtung ist schon früh von protestantischer
Seite angestellt worden, gar schön von dem Reformator
Memmingens in folgenden Worten: „Mag es sein, dass
etliche zu viel auf Zwingli gehofft und auf seine persön-
liche Gegenwart gebaut, und dass mein liebes Zürich
sich solcher trefflicher Männer überhoben hat, so ist es
auch Gnade von Gott, wenn er uns jetzt demütigt" [1).
Es liesse sich auch fragen, ob vielleicht, wenn nicht
für die Sache, so doch für Zwingli *persönlich* der frühe
Tod ein Glück gewesen sei. Liegt doch für grosse
Männer eine Huld des Schicksals darin, auf der Höhe
ihres Lebens eines ruhmwürdigen Todes zu sterben. Ich
erinnere hier an einen andern Helden des Protestantismus,
Gustav Adolf, dessen Andenken moralisch so nachhaltig
eingewirkt hat. Aber das alles tritt jetzt für uns
zurück gegenüber anderen Erwägungen.

Es sind nämlich gleich nach dem Unfall von
Kappel in Oberdeutschland Stimmen laut geworden,
welche die Politik der *Gewalt in Glaubenssachen* ver-
urteilen, in Luthers Weise alles dem Wirken des Wortes
überlassen wollen und in dem Misserfolg einen Anstoss
für die Schwachen sehen. „Es ist kein Wunder," so
verlautet dorther, „wenn sich über Zwingli's Fall
mancherlei scharfe Urteile erheben werden" [2), und ein
Augsburger Arzt und Ratsherr fragt geradezu: „Wäre
es nicht besser gewesen, die V Orte und ihre Vogteien

[1) E r i c h s o n a. a. O. p. 7 f.   Vrgl. auch ein Schreiben aus
Augsburg, p. 8.
[2) E r i c h s o n a. a. O. p. 7.

ihrer Denkungsart zu überlassen?"[1]) Wir dürfen nicht annehmen, dass solchen Stimmen nur die Schwäche zu Grunde liege, die nach dem Erfolge urteilt; sie künden vielmehr das Erwachen jener modernen Denkweise in religiösen Dingen an, die später in den Gedanken der Parität und Toleranz ihren Ausdruck gefunden hat. Aber damit solche Anschauungen reifen konnten, sind erst schwere Lehren der Geschichte nötig gewesen, Ereignisse, deren erstes gerade die Schlacht von Kappel ist. Wenn wir dazu nehmen, dass es Oberdeutsche sind, welche jene Stimmen verlauten lassen, so lernen wir überdies, wie damals solche Gedanken erst da erwachen konnten, wo kein nationales Interesse sich mit dem des Glaubens verband. Wie ferne mussten sie einem Zwingli liegen, dessen Seele der Eifer um das Vaterland so ganz erfüllte, und dessen Patriotismus — eben bei dieser Zusammenstellung der oberdeutschen Denkweise mit der seinen — eine so schlagende Bestätigung findet! Wer will ihn aber um dieses Patriotismus willen verkleinern?

Hüten wir uns, moderne Gesichtspunkte in die alte Zeit zurückzutragen. Das 16. Jahrhundert ist nicht

---

[1]) Ebenda p. 19. Weiter vergl. die Briefe von Blaurer p. 18, von Butzer p. 20 u. 24, von Frecht in Ulm p. 21, von Sigelsbach in Bergzabern p. 25. Luther vollends sah in dem Falle Zwingli's nichts anderes als eine göttliche Strafe für seine Abendmahlslehre p. 27 ff. Die Antworten der Schweizer auf die deutschen Urteile ib. p. 21 ff. Sie gaben sich namentlich auch Mühe, den Deutschen begreiflich zu machen, dass es schweizerische Sitte sei, angesehene Geistliche als Feldprediger auszunehmen. Ueber Luthers massloses Schmähen sagt Bullinger: „Es thut uns in der Seele weh, dass ein so grosser Mann sich so weit vergisst," ib. p. 35.

das 19. Je gerechter wir Zwingli beurteilen, d. i. je gewissenhafter wir sein Bild einfügen in den Rahmen seiner Zeit, desto grösser erscheint er uns. Was *Bullinger* in seiner Gedächtnisrede bald nach der Schlacht in hoher Begeisterung gesprochen hat, das gilt noch heute. Er sagt: „Mögen die Römer ihren Cicero für die Redekunst, ihren Brutus für den Kampf um die Freiheit loben, mögen die Griechen ihre Feldherren und Gesetzgeber, einen Themistokles, einen Perikles, einen Lykurg oder Solon preisen, wir rühmen mit mehr Wahrheit und Recht unsern Zwingli, der für die Wiederherstellung der Freiheit und für die Erneuerung der heiligen Studien so ausserordentliches geleistet hat" [1]).

* * *

Hochgeehrte Versammlung!

Drei Monate nach der Schlacht von Kappel hat *Leo Judä* zum Andenken an Zwingli dessen Uebersetzung der Psalmen herausgegeben und dabei im Hinblick auf den blutigen Tod des Tapferen folgende Betrachtung angestellt[2]): „Indessen ward ihm ein glänzendes Los zu teil; denn seine Tugend kann durch kein Vergessen ausgelöscht, durch kein Verschweigen begraben werden. Gott, dessen Ruhm er bis zum Tode gefördert, ja mit seinem Blute verteidigt hat, wird dafür sorgen, dass, gegen den Willen und Widerspruch aller Feinde, dieses Mannes Gedächtnis ruhmvoll und unvergänglich bleibe. Das wird auch das Bestreben aller Rechtschaffenen sein."

---

[1]) Erichson a. a. O. p. 16.
[2]) Ebenda p. 17.

Zwinglis Andenken zu ehren, war das Ziel des heutigen Vortrages[1]) und ist auch der Sinn eines Wunsches, mit dem ich schliessen möchte.

Sie erinnern sich gewiss alle gerne der Zwingliausstellung, mit der das Gedächtnis des Reformators im Jahre 1884 gefeiert worden ist. Sie hat uns zum ersten mal ein Bild dessen ermöglicht, was Zürich an Gegenständen der Erinnerung aus ruhmvollen Tagen noch besitzt. Wir waren wohl die meisten überrascht; es war mehr als wir dachten. Diesen Reichtum verdanken wir der sorgfältigen Obhut, welche an all den zerstreuten Orten über Zwinglis Nachlass gewacht hat. Seither sind diese Erinnerungsstücke wieder in ihre alten Behältnisse zurückgewandert, und es bleibt immer mit vielen Umständen verbunden, auch nur die hauptsächlichsten zu sehen. Wäre es nun nicht an der Zeit, sie zu einer ständigen Sammlung zu vereinigen? An Gelegenheit sollte es nicht fehlen, und wenn in der rechten Weise vorgegangen wird, wohl auch nicht an Bereitwilligkeit von seiten der Institute, welche jetzt die Hüter des Erbes sind. Was neulich zu Wittenberg für Luthers Gedächtnis geschehen ist, kann uns zum Vorbild dienen. Zürich kann, durch blosse Zusammenstellung dessen, was es an zerstreuten Stellen schon besitzt, eine Sammlung schaffen, die auf Einheimische und Fremde die grösste Anziehungskraft ausüben würde, und die in hohem Grade geeignet wäre, das Andenken des Reformators im ganzen Volke lebendig zu erhalten.

---

[1]) Schon zu einer Zeit, da Einzelne stark unter dem Eindruck des „Glücks von Kappel" standen, hat sich Gustav Wunderli in wackern Schriften warm des Reformators und seines Werkes angenommen.

Diese Rücksicht allein hat mich bewogen, eine Sache anzuregen, von der ich wohl fühle, dass sie über die Grenzen einer akademischen Rede hinausgeht. Den innern Zusammenhang von beidem werden Sie gleichwohl nicht verkennen und mit dem geschichtlichen Versuch auch die praktische Anregung, auf die er geführt hat, in geneigte Erwägung ziehen.

Nachlese zu der Schrift:
„Die Schlacht von Kappel" (Zürich 1873).

I.

Zum Litteraturverzeichnis

sind folgende Nachträge seither publizierter Quellen anzumerken:
a) Diarium des *M. Heinrich Wei* (*Wy*) über den Kappelerkrieg, herausgegeben von M. Estermann, im „Anzeiger f. Schweiz.
Gesch." II (1875) p. 171. Wei, von Merenschwand, war Feldgeist-
licher im katholischen Heere und wohnte dem Feldzug von Anfang bis zu Ende bei. Seine Schrift berührt auch die Schlacht. —
Vrgl. Strickler IV. 49 einen *Hans Wy* von Merenschwand, der die
Siegesbotschaft von Kappel den fünfortischen Truppen in Boswyl
überbringt.

b) *Werner Steiner* von Zug. Historien Zürich und Zug betreffend. Beendet am 24. Oktober 1532. Die Stellen, welche von
den Treffen bei Kappel und am Gubel handeln, giebt Staatsarchivar
Dr. Theodor von Liebenau in Luzern aus dem Original der Zurlauben'schen Sammlung in Aarau, im „Anzeiger f. Schweiz. Gesch."
IV (1884) p. 335 ff.

c) Die Schlacht bei Kappel nach der Darstellung des *Rudolf
Gualther*. Von Th. v. Liebenau a. a. O. p. 392.

Unerwähnt ist geblieben *Stumpfs* Schweizerchronik, welche
wohl die älteste Abbildung von der Schlacht giebt. — Ueber
Johannes von Hinwyl (p. 7 des Litteraturverzeichnisses, vergl.
p. 17, Note 1) vergl. J. Studer, Geschichte der Kirchgemeinde
Bäretswyl, die genealogische Tafel. Die Landsässen Hans und
Jörg von Hinwyl zu Elgg werden vom Zürcher Rat am 21. März
1532 gemahnt, der Witwe Elsbeth Effinger, geb. von Liebenfels,

gemäss ergangenem Urteil rückständige Zinsen auszuzahlen. A. Missiven des Staatsarchivs Zürich.

Die im Anhange p. 79 ff. u. 83 ff. abgedruckten Berichte von *Peter Füssli* und von Schultheiss *Golder* sind nun vollständiger herausgegeben, jener von Dr. Hermann Escher im „Zürcher Taschenbuch“ 1889, dieser von Dr. Th. von Liebenau im „Anzeiger f. Schweiz. Gesch.“ III p. 445 ff. — Zwei neue Quelleneditionen folgen unten.

Vor der Drucklegung hat Herr *Dr. von Liebenau* folgende höchst dankenswerte Zuschrift an mich gerichtet: „In Ihrer Schrift vermisse ich u. a. folgende Berichte und Darstellungen der Schlacht: 1) Brief König Ferdinands an Karl V., in dessen Korrespondenz; 2) Meglinger P. Jos., Nemo Peregrinus, 1689 p. 110; 3) Göldlin, Konrad Scheuber, Luzern 1814, 1, p. 76 ff., wo bereits die Stellen aus dem Diarium von Wy und p. 79 die Urkunde für Göldlin von 1533; 4) Rerum memorab. Paraleip., Argent. 1537, fol. CCCCXCIX, aus Bullinger (Functio Proph.); 5) Gasts Tagebuch, von Buxtorf, Basel 1856 p. 34—36, 105 f.; 6) Kurzer Bericht Zürichs an Mühlhausen, in Mossmann, Cartulaire de M.; 7) Hans von Hinwyls Bericht in Einsiedeln ist kopiert aus Cysat, Kollekt. K, fol. 463 ff, 8) Göldlin'sche Chronik in Aarau, kopiert aus Cysat, Kollekt. F, fol. 5—220; 9) Ryfs Basler Chronik, in Basler Chroniken 1, 131—133. mit dem schon von Ochs angeführten lügenhaften Berichte über den Abt von Kappel“ (folgen weiter einige Namen zum Kriegsroddel, s. d.).

II.

Zu dem Abschnitt: „Darstellung der Vorgänge“

ergeben sich diese Berichtigungen und Zusätze:

a) Zu p. 27 Mitte („2. In der Aufstellung eines Fähnleins“ etc). Herr Oberst Prof. *E. Rothpletz*, der die Schrift über die Schlacht neuerdings zu durchgehen die Güte hatte, wünscht diesen von ihm herrührenden Satz etwa folgendermassen geändert: „In der Einrichtung und Besetzung einer Aufnahmsstellung im Défilé, um im Falle des Rückzugs der Masse ein Entrinnen zu ermöglichen.“

b) Auf p. 29, in Note 4 soll es heissen „des jetzigen Kirchhofes (statt „des jetzigen Klosters“).

c) Auf p. 31, Note 5 (vergl. p. 87 Note 1) wird vermutet, „des Fricken Haus“, das im Jahrzeitbuch Menzingen genannt wird, möchte das heutige Allenwinden sein. Nun nennt ein Bericht des Vogtes Berger von Knonau im Jahr 1527 an den Zürcher Rat einen Rudolf Frick „aus Lematt", Staatsarchiv Zürich, A. Kuonau. Es ist daher wohl an diesen Hof zu denken.

d) Zu p. 36 unten und Note 4. Das Missfallen des gemeinen Mannes unter den V Ortischen über die Hauptleute scheint einen Anhalt auch an einer Kundschaft aus Zug zu finden. Noch später soll Heini Hasler geäussert haben: „Wer ist der schulthess *Golder* gsyn? wie hat er sich in unsern nöten ghalten? .... eb er ein(en) Luzerner wett zum herren han, er wette e ein(en) kaiserschen zum herren han .... Der Golder habe krieget wie mänger me, und nit fast redlich". Aktenstück ohne Datum, im Stadthaus Zug (benutzt im Jahr 1885).

e) Zu p. 37 ff. ist nun der gut unterrichtete Konstanzer-Bericht zu vergleichen (hernach abgedruckt). Er bestätigt mehrfach das Bild, das sich uns von der Schlacht ergeben hat. Bemerkenswert ist die Aufmerksamkeit, die er Zwingli schenkt; der Reformator steht im Mittelpunkt des Ereignisses; auf sein Wort entschliesst man sich, vom Albis der bedrängten Vorhut zuzueilen, und auf seinen Zuspruch und Fall wird der Streit am härtesten. Neu sind folgende Züge des Berichtes: die V Ortische Abteilung, welche seitlich einfallend den Zürchern die Spiesse unterschlägt, die Steinschleuderer unter oder hinter den drei ersten Gliedern der V Orte, Zwingli's Stellung unter den ersten Streitern im dritten Glied. Damit wird Zwingli's direkte Beteiligung am Kampfe doch wohl zweifellos. Man beachte auch die bestimmte Meldung, dass Zwingli „niedergestochen und geworfen worden sei", womit unsere p. 39 u. 43 gegebene Darstellung bestätigt wird.

f) Zu p. 38 oben. Der hartnäckige Angriff wird bestätigt durch eine Aussage des Hauptmann Bolsinger; er spricht „von einem ruchen angriff zuo Kappel", und wie er habe „etwan müessen hinder sich trätten und etwan für sich." Kundschaft (über das Gefecht am Gubel), ohne Datum, im Stadthaus Zug (benutzt 1885). — Aehnlich der Konstanzer Bericht.

g) Auf p. 38 vor dem letzten Absatz steht: „Was übrigens im jetzigen Augenblicke der Bezug des Münchbühls noch für einen Sinn haben konnte, ist nicht ersichtlich." — Hiezu bemerkt Herr Oberst *Rothpletz*: „Es ist dies insoweit richtig, als man sagen kann: Es war zu spät gegenüber dem plötzlichen wuchtigen Angriff des Feindes. Doch muss folgendes berücksichtigt werden: Lavater gab den Befehl wohl einen Moment bevor sich der Angriff in seiner ganzen Mächtigkeit entwickelt hatte, und da wird die

Massregel erklärlich: Lavater traute dem Ausgang des Kampfes nicht mehr, er hatte das Gefühl, die Schlacht sei verloren. Er wollte deshalb zur Deckung des ihm nahe scheinenden Rückzuges, dessen Schwierigkeit er schon früher (p. 32) beim Anmarsch durch das Défilé erwogen hatte, einen festen dominirenden Punkt (resp. Abschnitt) auf der Rückzugslinie einnehmen lassen, an dem sich die Verfolgung wenigstens eine Zeit lang brechen würde (p. 20, Note 2)."

h) Auf p. 39, 4. Zeile soll es heissen: er benutzte kläglich (statt kläglich) den Fehler Göldlis.

i) Zu p. 40, Pannerrettung. Vergl. nun auch den Konstanzer-Bericht. In Nänikon giebt es jetzt noch „Pannerwiesen", laut gefl. Mitteilung des Herrn Pfarrer Bär in Uster. Man vergl. den Brief von dem Pannergüetli, bei Bullinger III p. 133 f. — Bis vor einigen Jahren besass eine Familie Näf in den Näfenhäusern beim Zwinglistein einen hübschen Krug aus der Zeit um 1600, wohl niederländischen Fabrikates, mit Relief-Darstellung der Judithgeschichte in acht Bildern; unter den zwei letzten, mit der Enthauptung des Holofernes, der Schluss der begleitenden Inschrift: DEN KOPP AF DER KOP HIR AVS. Zu dem Krug sollen noch andere Gefässe gehört haben. Die Anspielung auf die That Adam Näfs liegt auf der Hand; darf man vielleicht an ein Geschenk, z. B. einer städtischen Zunft, für die Nachkommen zur Ehre ihres Vorfahren denken? — Das Schwert Adam Näfs ist in den Näfenhäusern noch vorhanden.

k) Zu p. 42 oben. Das Loos der Verwundeten auf der Walstatt war ein elendes. Es mangelte ihnen an jeglicher Verpflegung, bis man sie des folgenden Tages wegfertigte. Ein Vogt Lemann gieng am Tag nach der Schlacht, wie er sagt, auf den Platz, weil er wusste, „dass sin bruoder, vil siner fründ und ander vil erlicher amtlüt also erbärmklich uff' der walstatt unverbunden und ganz trostlos lägint; und damit aber dieselben darab kämint, gienge er widerumb hinuf, und als er hinuf kommen, würint si schon von Gottes gnaden hinweg gefertiget." Staatsarchiv Zürich, A. Kundsch. u. Nachg. 1526/34. Vergl. meine „Reformation im Bezirke Affoltern", im Zürcher Taschenbuch 1888. wo am Schluss auch einige weitere Betrachtungen und Angaben über die Schlacht und ihre Folgen zu lesen sind. — Beigefügt sei noch, dass Hirslanden aus Anlass der Schlacht 336 Pfd. Schulden machte. Wie diese getilgt wurden und die Gemeinde dann ein Gemeindegut anlegte, sowie ein Schulhaus baute, giebt *Näscheler* in seiner Schrift über die Ausgemeinden der Stadt Zürich p. 482 an. Ebenda p.534 eine Notiz über Fluntern.

l) Zu p. 42 u. 43 Z w i n g l i's T o d, vergl. jetzt den unten abgedruckten Konstanzer-Bericht, und weiter besonders folgende Stelle aus einer gedruckten, wohl zeitgenössischen süddeutschen „Zeitung", welche mir Herr Prof. Dr. *II. Kesselring* in dem Sammelband G. XVIII. 273 Nr. 8 der Stadtbibliothek Zürich freundlichst nachgewiesen hat (16. Jan. 1879): „Der Zwinglin ward von zweyn auss den fünf Orthen uf der walstatt gefunden, uff seim antlitz liegende; hat noch gelebt; si aber haben in nit kennet und doch gefragt, ob er beichten oder sonst etwas wollte. Denen er nichts geantwort hat, als ob er todt wär. Nach disen ist ein andrer kommen, der in wol gekannt, hat im ein tödliche wunden mit dem schwert geben und solichs den hauptleuten angezeigt. Da haben sie in vor gericht lassen tragen und als ein verräter berechtiget und verurtheilt, und nachmals als einen ketzer verbrannt. Nach disem haben etliche auss denen von Zürich die äschen genommen und heime getragen."

m) Zu p. 43. Als d a s le t z t e W o r t Z w i n g l i's wird die Stelle des Evangeliums erwähnt: „Fürchtet euch nicht vor denen, die den Leib tödten" u. s. w. Zwingli hat dieses Wort, das auch in der Zürcher Legende Felix und Regula zitiert ist, gern gebraucht. So tröstet er schon 1522 in der Vorrede zur Marienpredigt seine Brüder über die Feindschaft der Menschen: „si mögend ein den lychnam töden, aber die seel nit." Zwingli's Werke I p. 87. Neben der Fassung Bullingers bleibt immer das möglicherweise originalere Wort bei Kessler (p. 43 Note 6) beachtenswert: „Sind mannlich und frölich, lieben Züricher, müessend wir schon hie ainen schwaiss liden, so werden wir doch vor Gott gesigen" — das um so mehr : als jetzt der neugefundene Konstanzer-Bericht es ähnlich hat, „Lieben Zürcher, sind mannhaft, müessend ir schon ain schwaiss leyden, so werdet ir aber doch mit Gott pleiben." Dazu ist folgender Anklang in einem reformierten Liede zu halten, indess bezogen auf die Zeit v o r der Schlacht:

„Er hat anzeigt vor sinem end,
„Vier tag darvor — das gloubend b'hend—:
„Ein schweiss müesstind wir erliden,
„Dass wir uns lieber hand dann Gott . . . . . .

Das Lied, wie es scheint bisher unbekannt, erhalten in einem alten Druck im Staatsarchiv Luzern, ist im Anfang verstümmelt. Weiter folgen in dem Druck noch zwei vollständige Lieder; diese sind, wie mir Herr Pfarrer Dr. Weber in Höngg mitgeteilt hat (Brief vom 22. Sept. 1877) abgedruckt bei *Wackernagel* p. 565 u. 566. Das Luzerner Fragment, jetzt bei *Th. Odinga*, das deutsche Kirchenlied der Schweiz im Reformationszeitalter (1889) p. 135 ff., abgedruckt.

Hier sei noch angefügt, dass die Kantonsbibliothek in Aarau eine lateinische Bibel, mit Bemerkungen von Zwingli's Hand, besitzt. Dieselbe ist am 17. Juli 1631 von „Heronimus Prüfi, diser zit undervogt und wirt zu Mernschwand", dem Kloster Muri geschenkt worden. Ihre Herkunft aus Kappel ist blosse Annahme, doch nicht unmöglich. Eher als an ein Beutestück vom Schlachtfeld liesse sich mit Prof. *G. von Wyss* an ein solches aus dem Kloster Kappel denken, wohin Zwingli das ihm entbehrlich gewordene Exemplar einst geschenkt haben könnte, sei es an die Schule, oder an Joner oder Bullinger persönlich. Gefällige Mitteilung des Herrn Kantonsbibliothekar Dr. *H. Herzog* vom 20. Mai 1893, mit Verweisung auf *Emil Zschokke*, „Neue Zürcher Zeitung" 1883, 4. IX., und *R. Merz*, „Monatsblatt der reform. Kirche des Kts. Aargau" 1893, Nr. 2 u. 3. — Mit der Herkunft aus Merenschwand lässt sich immerhin der Umstand zusammenhalten, dass der V Ortische Feldgeistliche und Chronist Magister Wey (vergl. oben zum Litteraturverzeichnis) aus diesem Orte stammte. Für das lateinische Buch hätte allenfalls ein Geistlicher sich interessieren können. Einer der Boten, die zwischen den katholischen Lagern zu Kappel und Boswyl verkehrten, liesse sich als Ueberbringer nach dem am Wege gelegenen Merenschwand denken. Doch bleibt alles ungewiss.

III.

Ueber die „Kritik der Vorgänge"

habe ich weniges nachzutragen:

a) Zu p. 47. Anschuldigung des Verrats gegen Göldli. Ich lasse es bei der gegebenen Darstellung bewenden, wonach Göldli's Leitung in jedem Falle eine sträfliche war. Nur füge ich bei, dass ähnliche Vorgänge auf dem Gubel begegnet sind. Schon *Bullinger* III. p. 199 ff. meldet, der Burger Beringer Lemann von Zürich und andere haben den obersten Wachtmeister Jörg Ottli gescholten, dass er schlecht Wache halte. Es kam darüber laut Ratsbuch 1530/33, Fol. 176 f., zum Prozess. Ottli klagte, und die beiden Räte verhandelten darüber, Donnerstag nach Judica 1532. Lemann begründet seine Vorwürfe allerdings umständlich, und dabei ist es auffallend, wie er von Ottli fast die nämlichen Antworten erhalten haben will, wie sie von Göldli bezeugt werden. Wie Göldli gesagt haben soll: Die Kriegsknechte „gebend nützit darumb", was er befehle (p. 29 Note 7), so Ottli: „Zuodem so wollten die Knecht nützit umb in geben", und „er könne nichzit tuon", dass sie auf der Wache ausharren. Der Rat weicht der heiklen Untersuchung aus, erklärt beide Teile als Biederleute, weist sie zu Ruhe und Frieden an und überbindet ihnen beiderseits die Kosten. Es ist das gleiche Vorgehen wie in der Sache Göldli's.

b) Das p. 48 Note 1 nachträglich benutzte Urteil ist gemeinsam für *Lavater* und *Göldli*, eine Ehrenerklärung nach gewöhnlicher Schablone, datiert Mittwoch vor Thomä 1531, Ratsbuch 1530/33, Folio 151. Das wesentliche nun in meiner Aktensammlnng Nr. 1802 im Wortlaut.

c) Oben auf p. 49 ist ein fatales Missverständnis begegnet. Bullinger sagt von den zur Schlacht ziehenden Zürchern, sie seien „merteils trurig und besouft" gewesen. Ich verstand unter dem zweiten Ausdruck betrunken, und habe dadurch Herrn Oberst Rothpletz zu weiterm Argwohn über Göldli veranlasst, Note 1. Das Wort bedeutet aber soviel als gedrückt, niedergeschlagen, „tuch", und ist somit ungefähr desselben Sinnes wie das vorausgegangene traurig. Näheres hat Dr. *H. Bruppacher* im „Anzeiger f. Schweiz. Geschichte", II. p. 192 gegeben.

IV.

Den „Kriegsrodel"
(Verzeichnis der Teilnehmer an der Schlacht)
vervollständigen nachstehende Angaben:

Zürich.

a) Zu Nr. 18. † *Arter, Hans*, von Ebertsweil. Ein Mann dieses Namens kommt vor als Zeuge in einem Bericht des Vogtes Berger von Knonau an den Zürcher Rat vom Jahr 1527. Staatsarchiv Zürich. A. Knonau.

b) Zu Nr. 35 b. Einzuschalten: *Berger, Jörg*, Zunftmeister, laut Tschudi p. 195 ein Gegner Zwingli's, doch tapfer in der Schlacht (sofern nicht eine Verwechslung mit dem in derselben gefallenen Sohne Jakob Berger vorliegt).

c) Nr. 143 b. Einzuschieben: † *Frei (Fryg)*, *Konrad*, von Wangen. In einer Gerichtsakte des Staatsarchiv's Zürich, dat. 8. Wolfmonat 1552, wird Frei erwähnt als einer, „so in unserer Herren von Zürich nöten zuo Cappel umbkonmen". Gef. Mitteilung des Herrn Pfarrer Bölsterli in Wangen vom 28. Okt. 1882.

d) Nr. 159 b. Einzuschieben: *Gassmann*, *Hans*, genannt *Grossätti*, von Regensberg. Laut Urteil dat. Donnerstag vor Verenä 1532 wegen Wohlverhaltens an der Schlacht von Kappel milder behandelt. Ratsbuch Zürich 1530/33, Fol. 219.

e) Zu Nr. 167. *Jörg Göldli* kommt noch in einer Kommission Dienstag nach Lichtmess 1533 vor, Ratsbuch Zürich 1530/33, Fol. 287. Dagegen werden am Mittwoch nach Reminiscere desselben Jahres zwei Ersatzwahlen für ihn getroffen, als Nebenbaumeister, sowie als Aufseher über die Glatt und andere Wasser, ib. Fol. 297.

f) Nr. 229 b. Einzuschieben: † *Hermann*, *Bartholomäus*, Stiefvater des St. Galler Reformators Johannes Kessler, wird von diesem in seinen Sabbata Fol. 385 als zu Kappel gefallen erwähnt. Vgl. Bernet, Joh. Kessler, p. 13.

g) Zu Nr. 256. † *Vogt Hans Huber*, von Greifensee, wird in einem Brief des Zürcher Rates an den Schaffner zu Rüti, dat. Montag nach Verena 1532, als zu Kappel gefallen bezeichnet. Wegen seiner „vilfaltigen trüwen diensten, so er uns getan," will der Rat seinen Nachkommen „etwas gnaden bewisen" und von den Schulden und Zinsen nachlassen, die Huber ihnen hinterliess.

h) Zu Nr. 342. *Hans Lochmann.* Als im Jahr 1575 Markgraf Friedrich von Brandenburg im Stadhof zu Baden weilte (von ihm soll noch ein Bad den Namen „Markgrafenbad" tragen) und ihm die Zürcher ein Badegeschenk schickten, während er sich gerade im Bade befand, da schwur der alte Pannerherr Lochmann, er kehre nicht nach Zürich zurück, ehe er den Fürsten gesehen. Wirklich watete er mit Stiefeln und Sporen zu ihm in's Bad. Dieser Lochmann hatte als zwanzigjähriger Jüngling im Jahr 1531 bei Kappel gefochten und war fünf Stunden lang unter den Toten geblieben. Gef. Mitteilung des Herrn Pfarrer Bölsterli in Wangen aus seinen Kollektaneen, 13. Jan. 1883. Ueber Lochmann's Parteistellung vgl. oben in einer Note die Angabe aus Aeg. Tschudi's Kappelerkrieg (hier Heinrich Lochmann genannt).

i) Zu Nr. 345. † *Lübegger*, *Diethelm*, kommt vor in einem Zürcher Missiv in Erbschaftssachen nach Venedig, dat. 27. Mai 1530.

k) Nr. 400 b. Einzuschalten: „Näppi", ein Karrer dieses Zunamens, von Seebach, rühmt sich nachträglich, wie er seine Pferde und Karren an der Schlacht zum voraus für die Flucht bereit gemacht habe. Ratsbuch Zürich 1530/33, Fol. 183.

l) Nr. 417 b. Einzuschieben: *Ott, Felix*, von Zürich. Herr Pfarrer A. Kappeler in Kappel macht mich aufmerksam auf ein altes Neujahrskupfer mit dem Bilde des Genannten und folgender Aufschrift: Felix Ottius, Hermanni tribuni filius, natus 1490, CC-vir 1531, eodem anno centurio in praelio Capellano, obiit 1558. Ex collectione J. Casp. Ottii. Asper pinxit, Schellenberg sculpsit.

m) Zu Nr. 419. *Peter, Wirt zu Kappel*. In einem Bericht des Vogtes Berger zu Knonau vom Jahr 1527 nach Zürich kommt vor Peter Walter, der Wirt von Kappel. Staatsarchiv Zürich. A. Knonau.

n) Nr. 492 b. Einzuschieben: † *Schmid, Jakob*, Sohn des 1524 † Bürgermeisters Felix Schmid, Mönch zu Muri, fiel bei Kappel. Sein Bruder Hans war schon bei Marignano als Fähnrich gefallen. Leu, helvet. Lex., Art. Schmid. Bullinger III, p. 145 nennt ihn; aus Versehen fehlt er im Kriegsrodel.

o) Zu Nr. 525. Ein *Felix Steiner* aus dem Freiamt hat geäussert, „es tilege nit guot, bis man dem gwalt vom obersten bis an min(de)sten und allen undervögten die grind abhowe." Er wird gleichwohl milde bestraft, weil er m. HH. „wol verüempt worden, dass namlich er sich zuo Müss und ouch in ihren nöten zuo Cappel aller mannheit tapfer und redlich beflissen." Urteil Donnerstag vor Simon und Judä 1532. Ratsbuch Zürch 1530/33. Fol. 229 f.

Luzern.

a) Zu Nr. 1. Ein *Jacob Gisslinger*, Bürger zu Luzern, wird in einem Missiv nach Luzern vom Zürcher Rat als wortbrüchig dargestellt; nur aus Freundschaft zu Luzern gebe man ihm das Geleite. Der Geleitsbrief an ihn ebenfalls im Staatsarchiv Zürich, dat. 15. Jan. 1532. Vergl. unten, den Schlachtbericht Hertensteins, der im Anfang Jacob Gisslinger nennt.

b) Einzuschieben: † *Grimm, Franz*, von Luzern. „Und uss vwer statt kein man vmbkam, dan F. G." Nachschrift des offiziellen Berichtes der Luzerner Hauptleute zu Kappel über die Schlacht nach Luzern, dat. 12. Oktober. Staatsarchiv Luzern. Mitgeteilt von Herrn Staatsarchivar Dr. von Liebenau.

c) Nr. 7 b. Einzuschalten: *Schiterberg, Michel.* Herr Dr. von Liebenau macht mich auf den Eintrag im Ratsbuch Luzern aufmerksam, dat. Montag vor Nativ. M. 1531 (11. September), worin es heisst, Schiterberg sei in Glaubenssachen wiederholt gestraft worden; diese Bemerkung ist dann wieder gestrichen und nachträglich beigesetzt worden, man habe den Mann wegen Wohlverhaltens zu Kappel begnadigt.

Uri.

Einzuschieben: *Beroldingen,* Ritter Josue von (nach Dr. Th. von Liebenau).

Schwyz.

Zu Nr. 40. Ein *Meinrad Schriber* wird in einem Brief aus Schwyz an Zürich, dat. 27. Oktober 1529, als Ratsmitglied erwähnt; von Art stammend war er von dieser Kirchgemeinde nach Zürich gesandt, in der Teurung Kernen für sie zu kaufen.

— Das Jahrbuch von Küssnach, erneuert 1639, bietet folgende Angaben: „Hienach begann die Schlacht um 4 Uhr. Von Küssnach kamen um: † *Hans Trutmann,* † *Johann Widmer* und † *Wolfgang.*" Der erstgenannte wird auch im Jahrzeitbuch der Familie Trutmann erwähnt (Dr. Th. von Liebenau).

Unterwalden.

Einzuschieben nach Nr. 3: *Scheuber,* Konrad (nach Dr. von Liebenau).

Zug.

Zu Nr. 10: *Hauptmann Bolsinger* von Zug ist uns oben in einem Zuger Verhör begegnet, in dem er sich über den harten Angriff zu Kappel äussert. Seine Beziehungen zu Kaspar Göldli scheinen schon alte zu sein, vergl. die eidliche Kundschaft Jakob Werdmüllers, des Rats, über Hans Huber ab dem Horgerberg, in m. Aktensammlung Nr. 407 (p. 155 unten). Es handelt sich dort um französisches Geld.

Zu Nr. 80. „*Wolfgang Koli,* des Rats und Pannerherr an der Kappelerschlacht, half selben Landsfrieden, den sein Vetter Bartli Koli aufgesetzt, errichten 1531." Unterschrift seines (jüngern) Porträts im Museum zu Zug.

Zu Nr. 136. † „*Philipp Rottenschwyler* kam zuo Kappel um." Eintrag im Jahrzeitbuch auf dem Museum in Zug.

Zu Nr. 245. „*Oswald Zurlauben,* war im Kappeler Krieg der kathol. lob. Orthen Oberster wachtmeiser, des Rats und stathalter

Zug, starb a. 1549 et(atis) 72". Unterschrift seines (jüngern) Porträts im Museum zu Zug.

V.

Unedierte Quellen.

1. Leodegar von Hertenstein [1].

Sontag nach exaltationis Crucis anno xxxii°, vff andingen Jacoben Gislingers, vnd In bywäsen Casparn gigers des widerteyls hat bezüget J. Ludigari von Hertenstein by dem eyd, so er minen herrn gethan hat.

Vor der schlacht zu Cappell, alls man mitt der schlacht ordnung hinuff zogen Ist, hinder dem walld vff den platz, do man gar still gestanden ist, do hat sich begäben, das jetz Ammann Rychmut Ist zu Inen, gezügen, kommen vnd geredt: Ludigari, hast du nitt min herrn, die houptlütt, gesächen. Hatt er, gezüg, gesagt: Ja, Ich hab herr Schultheis Gollder vnd Ammann Dossen von Zug gesüchen, die halten dört enen vff den rossen. Hatt er Inn, gezügen, gebetten, Er söllt si heissen zu der ordnung anher ryten, Si wöllen ein abrednus thun, wo si das nachtläger schlachen wöllen. Das hat er siner beuelch nach gethan. Darnach alls er, gezüg, von Inen gangen, Ist er zu Jacob Gisslinger komen, der Ist gestanden vor der ordnung gegen dem wald. Hatt er, gezüg, Inn gefragt, wie Im der handel geualle, das man das läger schlachen wölle, wie ein andrer gutter gesell noch rhätte, vnd das man nitt schlachen wölle. In dem alls si der gestallt mitt einandern geredt hand, Haben vnser büchssenschützen In dem walld angefangen abschiessen. Hatt er, gezüg, zu Im geredt: Gisslinger was wil es da geben. Ich mein man wölle schlachen. Hatt er geantwurt: Ich mein nein, die welschen scharmützen. Von stund an haben vnsere büchssenschützen je lenger je vester geschossen. Hat er, gezüg, geredt: Wol uff, gisslinger. Ich will nitt mer hie beliben. Wir wöllen gan lugen, was es gen wölle. Ist Gisslinger neben Im, gezügen, vff der linggen sydten vber das velld gegen dem walld abgelouffen, vnd alls si schier zu dem walld kommen sind, Hatt er zu Im, gezügen, geredt: wölchen wäg wöllen wir louffen. Dann

---

[1] Staatsarchiv Luzern. Das Original habe ich am 12. März 1872 eingesehen. Der Abdruck nach einer gütigst übersandten Kopie des Herrn Staatsarchivar Dr. Theodor v. Liebenau. — Vergl. dessen Geschichte der Familie Hertenstein, Luzern 1888 p. 151.

man Ist In dry wäg gelüffen In den walld. Hatt er, gezüg, gesagt: wir wöllen enmitten In den walld louffen, dann Ich weiss die landtskünde ein wenig, Ich weiss, das wir grad an Ir schlacht ordnung komen werden. Allso sind si daselbs In den walld gelüffen. Dann die pannern vnd alle zeichen syen Inen an dem ortt In den wald nach gelüffen. Allso Ist Gisslinger mit Im, gezügen, durch dieselb rüche vnd moss gelüffen, vnd hatt In, gezügen, zwey mal by dem linggen arm vff gehept vnd geholffen, dann er Im moss bestecket was vnd Ist mit Im gelüffen vntz vber den grossen graben vss, alls die vyend in die flucht sind geschlagen vnd komen, und Ist noch by Im gesin das er Im gezöigt hat den württ zum rotten hus, vnd allso by Im beliben vntz uff das dürr ried, da man zum ersten gott dem allmechtigen vmb den gebnen sig gedancket, vnd gebettet hat; demnach hat er In nitt wytter noch mer biss mordtes gesächen.

2. Der Konstanzer-Bericht.

Stadtbiblothek Zürich Gal. II. App. 426, Druck in 4 Bl. 4°. [1]

(p. 1). Eyn kurtzer begriff des Kriegs / So sich zwischen den fünff Ortten / und den andern örttern der Eydgnoschafft verlauffen hat / Im Weynmanat. Als man zalt. 1531.

Dise Copey ist eynem Rath gen Kostentz geschryben / Und / Hanns Ehinger durch seinen Schwager Thomas Plar [2] zugesant. Empfangen. Adij. 23. Octo. 1531.

---

[1] Das Original hat die Zürcher Stadtbibliotbek neulich aus England erworben. Herr Dr. Hermann Escher hatte die Güte, mich auf das Stück aufmerksam zu machen und zugleich auf die von ihm beabsichtigte eigne Publikation zu Gunsten vorliegender Revision meines Büchleins über die Schlacht zu verzichten. — Die Handschrift mag, besonders für einen landsfremden Setzer, schwer leslich gewesen sein. Namentlich sind im Druck die Eigennamen entstellt; an einzelnen Stellen ist der Sinn undeutlich. Es blieb nichts übrig als das Stück buchstäblich abzudrucken und etwelche Erklärungen anzumerken. Für die letztern ist mir Herr Dr. R. Schoch, Mitredaktor des Idiotikon, freundlich beigestanden.

[2] Blarer (Blaurer). Herr Stadtbibliotbekar C. F. Müller in Ulm (Brief vom 29. Juni 1891) glaubt, es sei bei Hans Ehinger an die Constanzer, nicht an die Ulmer Familie dieses Namens zu denken, da verwandtschaftliche Beziehungen des Thomas Blarer zu den Ulmer Ehingern nicht bestanden zu haben scheinen. In Konstanz war, nach gef. Mitteilung des Herrn Archivar Professor Ruppert, nichts zu ermitteln.

4

(p. 2). Wie Strassburg vnd Costentz zu Arow ain friden
geworben / Gaben sich die Fünff Ort zu ainem krigssgerüst / welche
Rüstung erst auff den Sybenden tag des Weinmonds / denen von
Zürich endteckt ist / von Herren Kunraten von Hiltzkilch[1] / ist
ainer von Mülmer[2] / und gehört Hiltzkilch inn die fryen Empten /
die der Sechs Ortten sind / dann dem Kunraten die warnung
kam / die weyl und er sampt / den Hiltzkilchern den Fünff Ortten /
auch Wiellenkauff / Vergilten[3] / wölle man in und die Empter
überfallen / das uns[4] luffen alle Hiltzkilcher / dem hauss Hiltzkilchen zu / uud etlich von in / jren[5] Empten das Jar[6] bey zwai-
hundert wurden / die lagen nun auff dem jren / das jr jm verhüten
funden[7] / auch am und bey jren anstossen / in dem von Hoch-
dorff / welche deren von Lutzern sind / ein entlichen willen dz
die auch alles gen Zürich vnd gen Lentzburg auff Sontag / war
der Achtest tag des Monats emputend / da man vermaint es wer
nichts anders dann das gewonlich trowen vnd tragen dan laudern[8]
schreib man den biderben leüdten / Sy sollen nichts vnfreündtlichs
noch kriegisch an heben mit jren nachtpawren.

Am Montag aber zu nacht / vmb die x. stunde / kam dem
Conraten so gewissliche potschafft / das ein Zug den funff ortten
sich zu Lutzern versamleten sy über fallen wölten / da liessen sy
von hiltzkilch den Sturm hinab in die Empter vnd auff Lentzburg
in Barnenbait[9] gan / vnd wichend sy von hiltzkilchen hinab gen
Sarmenstoff / dahin auch das Juden ampt[10] kam darzu bey fünff-
hundert versamlet wurden / zu denen wurden eylentz auff pfintztag[11]
frü zwen raistpotten von Zürich gesant zu erfaren / wie es doch
stünd / darzwischen vernam man wie die fünff ortt fünfftzehen
hundert[12] vnd Sechs stück büchssen / auch sonst mit ainem mechtigen
handgeschütz gen hiltzkilch wern gefallen / vnd die obern Empter
zuzin / das sy auch auff Asch[13] vnd Sarmenstarff eylendt / des
wurden die nidern Empter eins / es wer weger dz gut verloren

---

[1] Ritzkirch.   [2] von Mülinen.

[3] feilen Kauf verhielten? (die Lebensmittelzufuhr sperrten).

[4] darumb?   [5] in jren?   [6] dass iror.

[7] Die folgende Stelle ist undeutlich.

[8] das gewonlich tröwen vnd trazen der lAndern (?).

[9] Bernerbiet,

[10] Underampt? Vergl. Bullinger, III. 87.

[11] Dinstag.

[12] 1500 (mann).   [13] Aesch.

dann leib vnd gut / wolten desshalb hinein gen premgarten in die stat zürich') / biss man in wol zuhilff möcht kummen.

(p. 3). In dem kamen auch die Potten von Zürich / den gefiel der ratschlag wol / dann Premgarten an dem Russ') ein guter Passen ist zwischen baiden steten vnd landen Zürich vnd Bern / wie man aber da hin kam / plib da ein pot in der stat / zu trost dem volck / der ander rait gen Zürich / einer zug auff zu Mannen') / vnd wie er dar kam / was Juncker Jörg Göldlin auff mit ainem Fendlein vnd Tausent mannen / vnd sechs stück püchssen / auff Capell zu / da hin der Zürcher See vnd das Maschwander vnd Eschpacher Ampt / das man nendt das frey ampt / welchs der vonn Zürich ist / mit dem Sturm gelauffen warn / dann man vernam wie ein zug püchssenschützen auss dem Eschental / vnd die sechs Ort mit jren Paurn') vnd höchster macht gen Bair') iu boden kamen / vnd ward ein gross vnrhu vnuersehenlich / das man auch allenthalben manet vnd zu Baner rüstet / auch ein Fänlein gen Premgarten geordnet / des Hauptman ist Heinrich Menmüller') / das zoch noch nachts / dz es vmb zway nach mitnacht auff Zinstag mit Vier stück büchssen zu Premgarten was.

In der nacht liess sich der zug zu Hickkill') gelegen den man yetz auff ij. tausend starck schetzt gen Asch vnd Muss') / ist alles in Emptern / da schetzten vnd raubten sy alles wz da war / ja brachten alle böse stück an / zerrissen vnd verpranten den predicanten jre bücher / sprachen sy wolten Gottes wort zertretten / vnd prennen / mit übeln schweren vnd grosser verwüstung der güter / wie aber die geschrey vnd mer') in die stadt Premgarten kamen durch weib vnd kind / war die gemain gedultig / vnd sprachen / nit allain dz gut sonder auch leib vnd leben / wöllen wir vmb Gottes vnd der warhait willen gern verlieren / hoffen Gott werd den mutwillen vngerochen nit lassen / Auff mitwochen ward souil geben an steür'') / von Capell / das die Pawren'') vmb die x. Uhr anbrechen'') must von Zürich / dann'') jre wolgemess

') züchen. ') Keuss.
') einen Zug aufzumahnen.
') Pannern. ') Baar. ') Werdmüller.
') Hitzkilch.
') Aesch und Mos, vergl. Bullinger, III. 107. Wohl Mosen am südlichen Eude des Hallwyler See, mit Aesch luzernisch, im gleichen (Hitzkircher) Thal.
') märe. '') ? '') Pauner. '') aufbrechen. '') e dann.

noch fug / dann zu Kapell was ein verräter / der zoch zu den
feinten / vnd vermant sy fast / wolten sy Zürich schlahen / so
müsten sy auffbrechen / ehe vnd dz Paner kem vnd man gar versamlet würd / entpfieng auch darüber etlich Kronen zu beschul-
dung / wie er nachmals selbs verjahe / als (p. 4) man in auff den
albes¹) / im zug / auff freytag geuiertailt hett.

Auff solche verräterey / haben sich die Fünff Ort schnell
herauff gemacht mit jrer macht / die man schetzt bey vij. Tausent
haben geradt vnter dem Closter Kapel jm holtz / hinder yhrer
wacht / haimlich die ordnung gemacht / von dannen eylentz den
Trumeter von Lucern / mit der absag geschickt / der kund dem Hauptman Göldlin die absag kaum jnn die handt geben / die feindt zohen
da her / vor het sich Gotling*) nit jns Closter gelegt sonder was
am mitwoch frü mit den knechtten vnd dem geschütz ein wenig
über dz Closter hinauff zogen an einen pühel zwischen dem Seim-
hof*) vnd dem puchwäldlin / da hett er das geschütz gelegt / vnd
sich so vil / so müglich / yren⁴) streit gerüst / So baldt er nur der
macht vnd zukunfft der feinden / jrn gegentail / auch ansichtig
was worden / liess er ain potten auff den andern hinder sich
lauffen / jrn pawren⁵) / die noch ymer zumanen / denn er nit vil
über xviij. hundert knecht het / der merertail mit dem sturm
hinzu geloffen warend / Aber die Fünff Ort / waren schon herauff
kommen vom Goldes prunnen / neben dem Yfflischperg / mit dreyen
hauffen / die sie auch vor mittag zu Pauro*) im Läger gemacht
heten / Als der Herr von Kapel sy aussgespecht het von dem
perg / liessent sy nüber⁷) an den pühel / der auff Zürich lag das
geschütz geen / das gieng zu hoch / Zürich aber / liess auch jnn
sy gon / vnd traffen sy mertails alle stück / darumb schwankenden
sy herab vnter das Closter in die Matten vnd eylten neben sanct Marx
Kirchen hinauff an das Puchwäldlin dz neben den Zürichern was /
laitend anch etlich streitpüchsslin / hinder dz holtz an kalg Ofen*) /
vnd schussen zu den Zürichern / in dem eylt dz Paner hefftig
in zu*) / doch on Ordnung vnd nit versamlet / dann wie das geschrey dem Paner entgegen kam / wie die feind herauff zögend /

---

¹) Albis. ²) Göldli. ³) Sennhof.
⁴) in den. ⁵) zun pannren? *) Baar.
⁷) hinüber. *) Kalchofen.
*) hinzu.

vnd das Fälin') an griffen / auch die Potten sollichs zu den haupt-
~leüdten prachten / redt Wilhenthonj') / wirt zum Rotenhauss / der
Spiesser Hauptman / lieben Herrn von Zürich / mit meinem rath /
wöllen wir den zug samlen / das wir mit macht in sy trennen') /
antwort M. Huldrich Zwinglin / ach Gott ich hab sorg (p. 5) es
werde den biderben leüdten zu spat / kum ich ainmal zu ynen
wil ich entweders mit ynen leyden oder Sigen / damit ward dz
geleuff / das / wer bass mocht der thet bass / vnd warent darzwischen / auch die Ortt neben / sind') in das Puchwäldlin gefallen / des richteten die Züricher yr geschütz zu') / in dem wald /
da es hafft / vnd gantz pawmen zerriss / vnd die feind zerrissen /
da loffen schon etlich mit dem Pauer her zu dem hauptman Vlrich
zwingler') / Wilhelm jm rotenhauss vnd ander / stelten sich in die
ordnung / trösten das volck / damit henckten sich da hinden ymmer
dar mer an die ordnung mit dem Paner / vnd beschach zu baider
seyten ain grosser angriff / doch wanten die von Zürich den Len-
dern jre ordnung mit dem geschütz / das etlich stück die mit dem
Paner komen / waren aussgesetzt / vnd auss etlichen stücken / in
die feind / gegen kalch ofen geschossen / Herwiderumb thet der
laudtwer schütz') wenig schaden.

Wie sy aber auss dem wald in die Züricher vielen / vnd
sich Zürich gegen jnen wandt / vnd man zu Aich') aneinander
kam / thetten die Lender etlich verordnung / die nebend zu vielen /
vnd den vnsern die spiess vnter schlugend / des gleichen hetten
sy vnter / oder hinder den drey ersten gliden verordent / die mit
stainen in die zürcher wurffend / nichs dest minder / trang man
sy / vnd was der zürcher trucken so starck / das sy') die ersten
mit yren gewern nit nach notdurfft gerürn mochten / Herwiderumb
hatten sich die Lender also gestellt / das sy sich wol gerürn
mochten / vnd man also facht / vnd der streyt hert was / hub an
das vngeordent volck hinter dem Paner abwichen / on besunder
nodt / nicht dest minder / stritt alles dz vnuerzagt / was vor dem
Paner was / da ward der Zwinglin vnter den erstenn streytern

') Fäulin.
') Wilhelm Töning (richtig: Schützenhauptmann).
') trengen.
') nebensich. ') zu in(en). ') Zwingli.
') Der länder geschütz?
') zu jach? ') sich.

jm dritten glid nider gestochen vnd geworffen / der redt in aller
nodt lieben Zürcher / sind manhafft / müssend yr schon ain schwaiss
leyden / so werdet jr aber doch mit Gott pleiben / damit da ward
der streyt so hertt / das es an die zaichen der statt vnd das Paner
gieng / dem Paner Herren M. Schweitzer mit dem Paner nider geschlagen / der vertrager aber¹) / der jung Kamli / erschlug den (p 6)
selben feinde / vnd erzuckt das Paner / aber ward schnell hierauff
tödtlich verwundt / das er ruffet / ist nyrgent kain frommer Züricher / der unnser stadt²) erredten / sprang einer von Grieffense
her für / ich wils thun mit Gottes hilff / vnd fur mit dem panner
dahin / dann es schon am hindersich weichen was / dann
nyemands hinder dem Paner was / so wurden die vor dem Paner
übel verwundt vnd etlich gar vmb pracht / ye das noch langer³) -
die Lender das Feldt behüten⁴) / vnd Zürich hindersich an das
albes⁵) waich / das Hans Müller fort trungen⁶) / vnd ander die
zum Paner gehören vnd noch nit herauss waren / sonder auff der
strass samleten das volck / vnd stercktcn sich wider / da het man
verloren das geschütz / das stadfendlin / vnd der schützerfendlin /
vnd mehr dann zwayhundert man / vnter denen sind dise nach/
folgende / namhafftige man.

M. Vlrich Zwinglin. M. Schweitzer Paner Herr.
M. Dominfen⁷) mit zwayen Sünen / der ein der statt Fendlin-
    trager. Der ander ist der vertrager⁸) gwest.
M. Joss von Cussen⁹) / Schützer Fendrich.
Wilhelm Thomy¹⁰) / Wirt zum Rotten hauss / der spiess-
    hawptman.
Marx Murer der Helabarter Hawptmann.
Juncker Eberhart von Rissbach¹¹).
Herr Wolffgang Rüpli Apt zu Kapell

---

¹) vortrager.
²) vnnser stadt zeichen?
³) nach langem.
⁴) behueben (behaupteten).
⁵) Albis.
⁶) die folgende Stelle ist undeutlich.
⁷) Dumysen. ⁸) vortrager.
⁹) Chuosen.
¹⁰) Töning (Schützenhauptmann).
¹¹) von Ryschach.

Herr Kunrat Schmid Commenthur zu Kirssnach[1]).
Herr Sebolt von Gerolttessglich[2]) pfleger zu Ainsidlen.
Jtem bei xvj. predicanten / auss der statt vnd ab dem Land.
Juncker Gerolt Mayer. Vlrich Funck.
Heinrich Asch[3]) / Vogt zu Greiffen See.
M. Heinrich Rübli. Wilbrecht Zeller[4]).
Hardtman Klüser[5]) Apentecker vnd andere herliche vnd
erbare leüdte mer. Item vom Rath / Burger / Amptleuten /
Fogtten / vnd vnderfogten / vnd Hauptleuten.
Vnd haben angehebt zusamen schiessen umb zwo vhren /
vnd hat die schlacht gewerdt nach den vhren iiij. Vnd haben
(p. 7) die Lender vil man / vnd Zürich schedilch verloren / Darnach aber / hat sich Zürich erst recht auff den Albes zur püchssen[6])
gesamlet / vnd haben die flüchtigen zu ynen genommen / vnd sy[7])
hefftig Widerumb gesterckt / das die feindt die der nacht auff der
walstatt[8]) / nachfolgents tags / nichts haben ynen fürgenommen /
anders / dann das sy in etlich dörffer gefallen sind, gen Kronow /
Maschwand vnd Metterstette / Riffenschweil vnd Otterbach[9]) /
Haben da gemutwilligt / wie der ander zug in Empter / die da nit
torfften zu in hin ab folgen / von des zugs wegen / der zu Premgarten lag / doch haben sy sich zu Mur vnd beschweill[10]) enthalten.
Auff Freytag / ist Bern mit dem paner zu Lentzburg ein /
zogen mit xx. stück püchssen / grosses geschütz / dreissig hacken -
Syben vnd zwaintzig Fendlin / dannen sind sy prochen auff samstag
mit zwölfftausend man / das sy die Lender zu Mury überziehen /
dann sy sich übel vmb die Züricher gehebten / vnd retten der Ber
muss jnss loch nymmer mehr / oder aber sy wellens rechen / wie
sy aber / so erstlich zogend / haben sich die zu mure / die man
schetzt auff xxxvj. hundert gelupfft / vnd kam Bern auff Sontag
gegen abendt / sampt den von Basel / Solotorn vnd Puchel[11]) gen

[1]) Küsnach.
[2]) Diebold von Geroldseck.
[3]) Aescher. [4]) Zoller. [5]) Klauser.
[6]) zur Buchen; vergl. Bullinger, III p. 163 »uff dem Albis, uff Buoche
genampt, um das wirtshus und da um uff der höhe«.
[7]) sich. [8]) lagen.
[9]) Knonau, Maschwanden, Mettmenstetten, Rifferswil, Ottenbach.
[10]) Muri und Boswyl.
[11]) Biel.

Premgarten / Legerten sich aussert der statt jhenseit rauss[1] / vnd her disset legret sich zürich / mit aller macht / sampt der obern vnd nidern / Turgower / Doggenburger / sanct Gallen / die Gotshaussleütt von sanct Gallen / Schaffhusen mit allen zaichen vnd xxij. stück püchssen.

Auff Montag morgen / musterten sich bayde züg / zwischen einander mit dem paner / von Bern zoch ein Fendlin / von zürich die Empter mit dem Paner von Zürich / etliche Fendlin ab der Landtschafft Bern vnd das Fendlin Basel / vnd zugen. also mit grosser macht zu baider seiten an der Russ auff über die Lender zürich an drey hauffen / Bern an zwen / zürich auff Zug, Bern auff Lucern / so sind von[2]) yhnen her / alle yre feind gewichen / zu abent des selbigen tags komen die von Mülhusen / vnd pliben über nacht zu Premgarten / am zinstag morgens / zogen sy her (p. 8) dissent dem Russ herauff zu den von zürich / Als nur[3]) die von Bern hin auff gen Mure kamen / haben sy alle Abgötterey zerstört, bedt vnd klaider / schiff vnd geschirr / so zum tail die feind da hin behalten zum tail auch sunst da gewesen / genommen vnd den zürcher / so von Lender / wie obgemelt / geplündert worden zugeschickt / haben auch etwas wundt da selbst funden vnd erwürgt. Item / So haben auch baide Lender des selben tags / ain starcke pruck über die Russ geschlagen / damit[4]) wo es die not erfordert / zusammen kummen möchten.

Auch ist auff Montag noch ein Paner von Bern mit xvj. Rederpüchssen ausszogen / auff Weliss now[5]). Item das Paner von Solotorn mit iiij. Hauptstück. Item die von Freiburg / mit einem Fendlin.

Dise obgemelte geschrifft / hab ich nit auss gassen geschrey / sonder auss angeben / der so bey aller handlung gewesen / Sind verzaichnet / Vnd ob wol andere meer[6]) vns angetragen werden wie es in der feind Leger ein gestalt hab / wil ichs doch lassen beruhen biss ich weyter bericht würd.

---

[1]) Reuss. [2]) vor. [3]) nun.
[4]) damit sie. [5]) Willisau. [6]) andere mären.